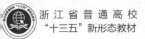 浙江省普通高校"十三五"新形态教材

 中国（杭州）跨境电子商务综合试验区立项资助教材

 中国（杭州）跨境电子商务人才联盟推荐

跨境电子商务新形态立体化教材

国内首本全面介绍
跨境电商综试区发展历程的理论读物

CROSS-BORDER E-COMMERCE
COMPREHENSIVE PILOT AREA STRATEGY

跨境电商综试区战略

刘 伟　武长虹 / 主 编

金华珊 / 副主编

ZHEJIANG UNIVERSITY PRESS
浙江大学出版社

图书在版编目(CIP)数据

跨境电商综试区战略 / 刘伟,武长虹主编. —杭州:
浙江大学出版社,2019.7
ISBN 978-7-308-19291-0

Ⅰ. ①跨… Ⅱ. ①刘… ②武… Ⅲ. ①电子商务—经
济战略—研究—杭州 Ⅳ. ①F724.6

中国版本图书馆 CIP 数据核字(2019)第 129303 号

跨境电商综试区战略

刘 伟 武长虹 主编

责任编辑	曾 熙
责任校对	郑成业
封面设计	春天书装
出版发行	浙江大学出版社
	(杭州市天目山路 148 号 邮政编码 310007)
	(网址:http://www.zjupress.com)
排 版	杭州林智广告有限公司
印 刷	杭州高腾印务有限公司
开 本	787mm×1092mm 1/16
印 张	10.5
字 数	190 千
版 印 次	2019 年 7 月第 1 版 2019 年 7 月第 1 次印刷
书 号	ISBN 978-7-308-19291-0
定 价	36.00 元

"跨境电子商务新形态立体化教材"

丛书编写委员会

编写委员会成员

施黄凯	陈卫菁	柴跃廷	陈德人	章剑林	琚春华
华 迎	武长虹	梅雪峰	马述忠	张玉林	张洪胜
方美玉	金贵朝	蒋长兵	吴功兴	赵浩兴	柯丽敏
邹益民	任建华	刘 伟	戴晓红	张枝军	

支持单位

中国（杭州）跨境电子商务综合试验区
阿里巴巴集团
亚马逊全球开店
Wish 电商学院
中国（杭州）跨境电商人才联盟
国家电子商务虚拟仿真实验教学中心

"跨境电子商务新形态立体化教材"

丛书编写说明

"世界电子商务看中国,中国电子商务看浙江,浙江电子商务看杭州。"浙江是经济强省,也是电子商务大省,杭州是"中国电子商务之都",浙江专业电子商务网站数量占全国专业电子商务网站数量的1/3,浙江电子商务的发展与应用水平全国领先。浙江电子商务的成就,主要归功于政府开放式创新创业氛围的营造和大量电子商务专业人才的贡献。

自2015年3月7日国务院批复同意设立中国(杭州)跨境电子商务综合试验区以来,杭州积极探索,先行先试,跨境电商生态体系不断完善、产业发展势头强劲,以"六体系两平台"为核心的跨境电商杭州经验被复制推广到全国。截至2018年年底,杭州累计实现跨境电商进出口总额达324.61亿美元,年均增长48.6%,13个跨境电商产业园区差异化发展,全球知名跨境电商平台集聚杭州,总部位于杭州的跨境电商B2C平台交易额近1700亿元,杭州跨境电商活跃网店数量增加至15000家,杭州外贸实绩企业数量增加至12000家,杭州跨境电商领域直接创造近10万个工作岗位、间接带动上百万人就业。跨境电商正在成为杭州外贸稳增长的新动能、大众创业万众创新的新热土,推动杭州由中国电子商务之都向全球电子商务之都迈进。

对外经济贸易大学国际商务研究中心联合阿里研究院发布的《中国跨境电商人才研究报告》中的数据显示,高达85.9%的企业认为跨境电子商务"严重存在"人才缺口,而各高等院校、培训机构对跨境电子商务人才培养标准不一,所使用的教材、培训资料参差不齐,也严重制约了跨境电子商务人才的培养。

为提升跨境电子商务人才的培养质量,开展多层次跨境电子商务人才培训,提高跨境电子商务研究水平,加快推进人才建设的战略部署,创建具有中国(杭州)跨境电子商务综试区特色的人才服务,浙江省教育厅、中国(杭州)跨境电子商务综合试验区建设领导小组办公室领导,协同浙江大学、浙江工商大学、杭州师范大学、浙江外国语学院、杭州师范大学钱江学院、浙江金融职业学院、浙江经济职业技术学院、浙江商业职业技术学院、阿里巴巴、亚马逊、Wish、谷歌、深圳市海猫跨境科技有限公司、浙江鸟课网络科技有限公司、深圳科极达盛投资有限公司、杭州众智跨境电商人才港有限公司、浙江执御信息技术有限公司、杭州跨境电子商务协会联合编写"跨境电子商务新形态立体化教材"丛书。该丛书的出版发行，必将引起跨境电子商务行业的广泛关注，并将进一步推动我国跨境电子商务产业不断向前发展，也为广大跨境电子商务从业者、跨境电子商务科研工作者、跨境电子商务爱好者学习研究跨境电子商务提供了必要的参考。

"跨境电子商务新形态立体化教材"丛书的编写，是中国(杭州)跨境电子商务综合试验区的重要工作，也是浙江省教育工作服务浙江经济、培养创新人才的一项重要工程。教材编写整合了浙江省内外高校、知名企业、科研院所的专家资源，突出强调教材的国际化、网络化和立体化，使"跨境电子商务新形态立体化教材"丛书成为推进浙江省乃至全国教材改革的示范。

浙江省教育厅

中国(杭州)跨境电子商务综合试验区

中国(杭州)跨境电商人才联盟

浙江工商大学管理工程与电子商务学院

国家电子商务虚拟仿真实验教学中心

2019 年 1 月

目录

第一篇

跨境电子商务综合试验区的
设立与顶层设计

第一章 跨境电子商务经济现象兴起及综合试验区设立

这是一个被互联网改变的时代,从全球范围看,"万物互联"大潮正扑面而来,新一轮科技革命和产业变革带来以大数据、云计算、物联网、移动互联网、3D打印等为代表的新一代信息技术的广泛应用,催生了新兴产业的快速发展。

互联网与传统产业全面渗透、融合,产业的边界越来越模糊,海量信息冲击传统交易模式,靠信息不对称建立优势的行业正在消解,传统企业被迫走出舒适区,竞争从一地、一国,拓展到了全世界,飞速发展的互联网科技将全世界消费者推至企业面前,呈现出前所未有的广阔市场。

跨境电子商务作为"互联网+外贸"的新业态,正通过没有物理边界的互联网,打破时空限制,降低运营成本,并快速形成规模效应,给企业和个人经营模式创新带来重大机遇,推动了传统商业模式的颠覆性变革。

一、 跨境电子商务概念分类

关于跨境电子商务的定义,目前比较普遍的理解是,跨境电子商务是指分属不同关境的交易主体,通过电子商务平台达成交易,进行支付结算,并通过跨境物流送达商品,完成交易的国际商业活动。

一般认为,依附于网络发生的跨境电子商务是无边界交易,具有全球性和非中心化特征;它通过数字化传输,具有无形性;在线交易的消费者往往不显示自己的真实身份和地理位置,具有匿名性;无论实际时空距离远近,一方发送信息与另一方接收信息几乎是同时的,具有即时性;整个信息发送和接收过程采取无纸化操作方式;基于互联网的电子商务活动也处于瞬息万变的过程中,正以前所未有的速度和无法预知的方式不断演进。以上是基于跨境电子商务互联网属性进行的分析。跨境电子商务是跨越不同关境的国际贸易,认识跨境电子商务,不能仅仅从互联网角度来分析,更应该关注其贸易属性。

从与传统外贸的对比来看,跨境电子商务通过跨境电子商务平台和供应链服务,组织全球优质货源销售到境内市场,带动了消费回流,推动了消费升级;通过跨境电子商务方式,中国制造的产品可以更多地销往境外,提升外贸的增量,进而推动中国外贸优进优出,推动了国际贸易链环节的变化。从生产模式看,传统外贸为大批量、少频次的生产和交易方式,跨境电子商务为小批量、多频次的生产和交易方式。从销售模式看,传统外贸以产品展会和多级分销为主,跨境电子商务以线上撮合交易为主。从物流模式看,传统外贸以大批量、长时间的物流为主,跨境电子商务中产品往往快速高效地到达消费者手中。从支付模式看,传统外贸以传统的订单式和信用证支付为主,跨境电子商务依托大数据和信用保障来实现线上第三方支付。从企业形态看,传统外贸以大企业和代工工厂为主,跨境电子商务以小而美的企业为主。跨境电子商务与传统外贸的比较如表1-1所示。

表1-1 跨境电子商务与传统外贸比较

对比因素	跨境电子商务	传统外贸
生产模式	小批量、多频次	大批量、少频次
销售模式	线上撮合交易	产品展会、多级分销
物流模式	快速高效、直达消费者	大批量、长时间
支付模式	线上小额第三方支付	传统订单式和信用证支付
企业形态	小企业	大企业和代工厂

从交易模式看,跨境电子商务不仅仅包括跨境电子商务零售,即跨境电子商务C2C/B2C/M2C(消费者对消费者/企业对消费者/工厂对消费者)的进出口,还包括跨境电子商务大贸,即跨境电子商务B2B/M2B(企业对企业/生产商对经销商)的进出口,一些企业为了优化消费者的购物体验,在目的国(地区)建立境外仓,因此还出现了B2B2C和M2B2C新型交易模式。为了满足消费者需求,跨境电子商务还衍生出线下体验后线上下单的O2O模式。B(business)、C(customer)、M(maker)、O(online/offline)等经过排列组合可以构成不同的交易模式。

从产业链构成看,跨境电子商务不仅包括满足买卖双方信息发布、撮合交易的跨境电子商务平台,还包括平台上的跨境电子商务应用企业,从事交易支付、在线融资、跨境收款等的跨境金融服务企业,提供报关、退税、结汇、物流、金融等第三方综合服务的外贸综合服务企业,从事境内境外物流配送及供应链综合服务的跨境物流仓储企业及报关行、货代企业,为跨境电子商务平台运营提供大数据服务支撑的IT企业,受外贸企业委托开展跨境电子商务运营的第三方代运营企业。

从市场主体构成看,跨境电子商务的从业主体中,不仅包括最早从事境内电子商务后转型做跨境电子商务的企业,还包括原来从事外贸和传统物流后来转型做跨境电子商务的企业,以及个人及中介组织。总之,随着跨境电子商务的发展,新型的跨境电子商务企业类型也会不断涌现。

二、 我国跨境电子商务发展规模

传统外贸模式下，中国商品到境外消费者手上，至少要跨越 5 个渠道：境内工厂—境内贸易商—目的地进口商—目的地分销商—目的地零售商，通关手续烦琐，代理商层层转包，价格谈判过程漫长，生产者和消费者信息严重不对称。2008 年金融危机后，世界经济的低速增长及新兴市场的兴起，逐渐导致国际市场需求不振；受土地、劳动力、原材料价格上升和汇率的影响，外贸成本上升，以 OEM(original equipment manufacturer，原始设备制造商) 代工为主的传统外贸质量不高、品牌不强、附加值不高，外贸竞争力逐步下降。传统展会模式下，境外买家下单越来越谨慎。2015 年中国进出口总额下降 7.0%，出口额下降 1.8%。

面对传统外贸的低迷，跨境电子商务通过创新"互联网＋中国制造＋跨境贸易"商业模式，保持年均 30% 左右的增长速度，成为代表未来发展方向的全新商业模式和贸易方式。

关于跨境电子商务规模全国尚无权威的统计，主要以来自第三方机构预测为主。据电子商务研究中心的监测数据显示，2015 年，中国跨境电子商务交易规模为 5.4 万亿元人民币，同比增长 28.6%。跨境电子商务出口交易规模达到 4.49 万亿元人民币，同比增长 26.0%；跨境电子商务进口交易规模达到 9072 亿元人民币；跨境电子商务出口占跨境电子商务整体交易规模的比例达到 83.2%。2015 年，中国出口跨境电子商务 B2B 市场交易规模达 3.78 万亿元人民币，同比增长 25.0%；中国出口跨境网络零售市场交易规模达 7200 亿元人民币，同比增长 33.3%。

2017 年 5 月 24 日，电子商务研究中心发布《2016 年度中国电子商务市场数据监测报告》。报告显示，2016 年中国跨境电子商务交易规模 6.7 万亿元人民币，同比增长 24.0%。其中，出口跨境电子商务交易规模 5.5 万亿元人民币，进口跨境电子商务交易规模 1.2 万亿元人民币。

据电子商务研究中心监测数据显示，2017 年中国跨境电子商务整体交易规模(含零售及 B2B)达 7.6 万亿元人民币。

阿里研究院 2016 年 9 月 1 日发布的《贸易的未来：跨境电子商务连接世界——2016 中国跨境电商发展报告》显示，2015 年，中国跨境电子商务(包括批发和零售)交易规模达 4.8 万亿元人民币，同比增长 28.0%，占中国进出口总额的 19.5%。其中，中国跨境电子商务零售交易额达到 7512 亿元人民币，同比增长 69.0%。阿里研究院预计到 2020 年，中国跨境电子商务交易规模将达 12 万亿元人民币，占中国进出口总额的 37.6%。如图 1-1 所示。

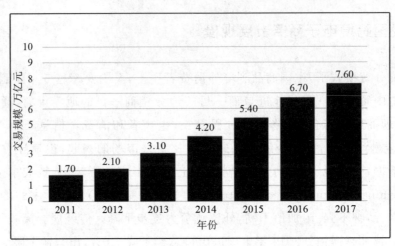

图 1-1　2011—2017 年中国跨境电子商务交易规模

资料来源：电子商务研究中心(http://www.100ec.cn)

2017 年 8 月 3 日，移动互联网第三方数据挖掘和分析机构艾媒咨询(iiMedia Research)首发《2016—2017 中国跨境电商市场研究报告》。报告显示，2016 年中国进出口跨境电子商务(含零售及 B2B)整体交易规模达到 6.3 万亿元人民币，较 2015 年增长 23.5％。当时预计 2017 年跨境电子商务交易规模将增至 7.5 万亿元人民币。艾媒咨询《2018—2019 中国跨境电商市场研究报告》指出，至 2018 年，中国进出口跨境电子商务整体交易规模已达到 9.1 万亿元人民币，预计 2019 年将达到 10.8 万亿元人民币。艾媒咨询分析师认为，近年来中国进口零售跨境电子商务平台相继成立，在激烈竞争中不断提升用户体验，推动中国进口零售跨境电子商务交易规模持续稳步增长，进口零售跨境电子商务交易规模在进出口跨境电子商务交易规模中的占比将不断提升。

从以上的第三方研究机构分析看，数据虽然有所不同，但跨境电子商务的交易规模逐步扩大，已是不争的事实，而且从跨境电子商务构成看，出口跨境电子商务交易额占绝对比重，跨境电子商务 B2B 交易占主流。

出口跨境电子商务市场方面，以美国、英国、德国、澳大利亚、加拿大等发达国家为代表的成熟市场，由于人均购买力强、跨境电子商务观念普及、线上消费习惯成熟、物流配套设施完善等优势，始终是我国出口跨境电子商务的主要目标市场。与此同时，不断崛起的新兴市场正成为我国出口跨境电子商务增长的新动力。比如，俄罗斯、巴西等国的本土电商企业并不发达，但消费需求旺盛，中国制造的物美价廉产品在这些市场优势较大。再如，东南亚市场人口数量较多，且消费偏好与中国较为接近，也具有巨大的市场潜力。中东市场由于自身富裕程度较高,电商逐渐受到年轻人喜爱,也在逐步超过传统零售的增长。物流基础设施不发达的非洲,在一些相对基础设施较好的国家,如埃及、尼日利亚、南非等国,网购也开始兴起,正成为新的蓝海。如图1-2所示。

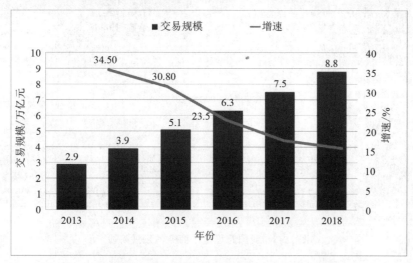

图1-2　2013—2018年中国跨境电子商务交易规模预测

资料来源:艾媒咨询(http://www.iimedia.cn)

　　就跨境电子商务的交易规模来看,政府层面也有不同认知,在2016年1月8日举行的国务院政策吹风会上,商务部有关领导就提出了不同的观点,认为对跨境电子商务规模的报道或者提法很多,但是尚无官方的权威说法。因为跨境电子商务是一个新生事物,它的统计口径、内涵、界定、标准、统计方法还需要不断探索,应当说跨境电子商务的增速是很快的,但是它的规模还是很有限的,在整个外贸当中比重很小,它是潜在的增长点。商务部新闻发言人在新闻发布会上多次提出,跨境电子商务作为新兴业态,以年均30%以上的速度增长,其中B2B占跨境电子商务进出口总额的七成以上。

相关政策
链接1-1

　　从政府端和市场端的认知来看,跨境电子商务作为新兴业态,发展的速度是惊人的,对于跨境电子商务行业发展无疑是巨大利好。

三、 我国跨境电子商务发展阶段

　　跨境电子商务伴随互联网技术的发展而发展,市场最先感受到跨境电子商务的“水温”。整个跨境电子商务大致分为萌芽期、发展期、爆发期三个阶段。如图1-3所示。

	1998年	1999年	2004年	2006年	2007年	2008年	2009年	2010年	2011年	2012年	2014年
标志事件	中国制造网成立	阿里巴巴成立	敦煌网成立	DX成立	兰亭集势成立	米兰网成立	大龙网成立	速卖通成立	Lazada成立	亚马逊全球开店	天猫国际 京东全球购 亚马逊直购 聚美优品海外购 唯品会全球特卖 阿里巴巴收购一达通
阶段	萌芽期:信息发布时代(1998—2003年)		发展期:平台营销时代(2004—2013年)							爆发期:数据运营时代(2004年以来)	
特征	信息展示收取年费		佣金制 交易成功后付费							大型工厂上线 B类买家成规模 中大额订单增多 移动端爆发 服务商加入	

图 1-3 我国跨境电子商务的发展阶段

(一) 跨境电子商务萌芽期:信息发布时代

早在 20 多年前,跨境电子商务的雏形就已经存在,很多人将其称为跨境电子商务的 1.0 时代。跨境电子商务 B2B 平台的兴起,有两个标志性事件:1998年焦点科技创办中国制造网,面向全球提供中国产品的电子商务服务,旨在利用互联网将中国制造的产品介绍给全球采购商;1999 年,外贸信息黄页平台阿里巴巴成立,其主要商业模式是网上展示、线下交易的外贸信息服务模式。盈利模式是向展示信息的企业收取会员费,如年费。

跨境电子商务 1.0 时代,也被称为外贸电商时代,信息极度不对称,供应商只要在网上发布信息就能找到客户,找到了再具体联系洽谈。

(二) 跨境电子商务发展期:平台营销时代

"非典"之后的 2004 年,跨境电子商务逐渐兴起,进入跨境电子商务 2.0 时代,跨境电子商务 B2B 平台开始成长,跨境电子商务 B2C 出口平台起步,标志性事件就是敦煌网创始人王树彤把跨境交易移到网上,采取佣金制,免注册费,只在买卖双方交易成功后收取费用。

2006年有了 DealExtreme(DX)①，2007年兰亭集势成立，2008年米兰网②、FocalPrice③（炽昂科技）成立，2009年大龙网成立，2010年全球速卖通上线，2011年东南亚最大跨境电子商务平台 Lazada 成立，2012年亚马逊推出"全球开店"，跨境电子商务迅速发展起来。

2.0时代，跨境电子商务平台摆脱纯信息黄页的展示，通过跨境电子商务 B2B（企业对企业）或 B2C（企业对消费者）平台实现服务、资源有效整合，并打通上下游供应链，延伸服务和交易半径。跨境电子商务平台实现营收多元化，同时实现后付费模式，将"会员收费"改为收取"交易佣金"为主，同时还通过平台营销推广、支付和物流综合服务等获得增值收益。

2.0时代，营销理念融入了跨境电子商务运营过程。随着供应商日渐增多，信息开始泛滥，而客户也变得挑剔起来。这一阶段的供应商开始往营销方向发展，纷纷推出更精美的图片、更全面的产品描述、更准确的关键词布局和更优的客户体验，搜索引擎优化、谷歌付费广告逐步登场，平台运营商和供应商运用各种营销工具来提升品牌和扩展渠道。随着主流欧美市场流量的到顶，多语言市场开始发力，各大平台希望从小语种市场继续拓展流量，同质化竞争越来越严重。平台也出现新的变化，优质的流量入口需要更高的价格。2.0时代下的跨境电子商务处于单纯网络营销阶段，增加流量成为主要手段和目的。

(三) 跨境电子商务爆发期：数据运营时代

2014年以来，跨境电子商务逐渐进入数据运营时代。典型事件就是阿里巴巴收购一达通，形成数据留痕和线上交易闭环，跨境电子商务 3.0 时代随之到来。3.0时代，大型工厂纷纷上线，B 类买家成规模，中大额订单比例提升，大型服务商加入，移动用户量爆发。在境外市场，B2B 在线采购已占据半壁江山。得益于大屏智能手机和 wifi 网络环境的改善，用户移动购物体验感得到优化，移动购物市场交易规模大幅度增长，方便、快捷的移动跨境电子商务为传统外贸企业带来新的商机。

与此同时，跨境电子商务 3.0 时代服务全面升级，平台承载能力更强，全产业链服务在线化是 3.0 时代的重要特征。在跨境电子商务 3.0 时代，用户群体由草根创业向工厂、外贸公司转变，且具有极强的生产、设计和管理能力。平台销售产品由网商、二手货源向一手货源、好产品转变。3.0 时代的主要卖家群体正处于从传

---

① DX(http://www.dx.com)，中国香港一家主营电子产品和 3C 小配件的平台。

② 米兰网(http://www.milanoo.cn)，中国内地一家服饰外贸 B2C 运营商。

③ FocalPrice(http://www.focalprice.com)，创建于2008年6月，中国内地一家主营 3C 数码电子产品的跨境电商平台，最大业务来自电脑周边产品配件。

统外贸业务向跨境电子商务业务转型期,生产规模由大规模生产向柔性化制造转变,对代运营和产业链配套服务需求较高。3.0阶段的主要平台模式也由C2C、B2C向B2B、M2B模式转变,批发商买家的中大额交易逐渐成为平台主要订单。

跨境电子商务3.0时代,跨境电子商务B2C进口平台开始爆发。包括天猫、京东、亚马逊、网易等都以不同形式试水跨境电子商务。2014年2月,天猫国际上线,主营各大品牌标品;同年4月,京东全球购、皇家空港、爱美邮上线;8月,亚马逊直购上线,以"保税区+海外直购+国际精品店+进口直采店"的模式迅速占领市场;9月,一号海购、聚美优品海外购、唯品会全球特卖上线。2015年初,网易考拉海购上线。

除了这些巨头,以淘世界、洋码头、海蜜、街蜜等为代表的C2C模式,在市场上也占有一席之地。这些平台采取境外买手制,境外买手(个人代购)入驻平台开店。对于跨境电子商务进口B2C来说,谁能掌握前端供应链和后端消费者,谁就能占据市场并获得资本方青睐,这些平台纷纷聚焦母婴、美妆等消费品行业,拼供应链、拼价格、争流量入口成为这些进口跨境电子商务B2C的竞争常态。不过,随着2016年4月8日跨境电子商务零售进口税收新政的实施和国家对境外代购的严管,跨境电子商务零售进口进入新一轮调整期,天猫国际、网易考拉海购等综合型跨境电子商务平台及贝店等垂直型跨境电子商务B2C进口平台越来越强,一些缺乏资本支持、供应链不畅的中小跨境电子商务B2C进口平台经不起市场的剧烈波动,难以为继,纷纷转型。

四、 我国跨境电子商务政策演进

2012年以前,跨境电子商务尚处于"野蛮"生长阶段,尚未引起政府监管层的广泛关注。2012年以来,国家开始关注跨境电子商务新兴业态发展,相关创新举措陆续推出,整个政策演进过程大致分为三个阶段。

(一) 跨境贸易电子商务试点阶段: 2012—2014年

2012年8月,发展改革委、海关总署共同开展国家跨境贸易电子商务服务试点工作,首批选择郑州、上海、重庆、杭州和宁波5个具备经济和外贸基础的城市,这标志着我国跨境贸易电子商务发展正式得到国家认可开始先行先试,之后试点范围扩大到10个城市。

2013年8月,国务院办公厅转发由商务部会同发展改革委、财政部、人民银行、海关总署等9个部门共同研究制定的《关于实施支持跨境电子商务零售出口有关政策的意见》,推出了6大支持政策,包括建立电子商务出口新型海关监管模式并进行专项统计,建立电子商务出口检验检疫监管模式,支持电子商务出口企业收结汇,鼓励银行机构和支付机构为跨境电子商务提供支付服务,实施适应电子商务出口的税收政策,建立电子商务出口信用体系。

2013年12月30日,财政部、税务总局发出《关于跨境电子商务零售出口税收政策的通知》(财税〔2013〕96号),2014年1月1日起,符合条件的跨境电子商务零售出口(简称电子商务出口)企业也能和普通外贸企业一样,享受增值税、消费税退免税政策。该项政策的实施,意味着困扰我国电子商务出口企业已久的出口退税制度"瓶颈"已被突破,此项政策降低了相关企业的成本,进一步促进了跨境电子商务的发展,同时为外贸企业转型升级带来了利好效应。

此后,为促进跨境贸易电子商务零售进出口业务发展,方便企业通关,规范海关管理,实现贸易统计,海关总署于2014年1月24日公告决定增列"跨境贸易电子商务"海关监管方式代码"9610"。此代码适用于境内个人或电子商务企业通过电子商务交易平台实现交易,并采用"清单核放、汇总申报"模式办理通关手续的电子商务零售进出口商品。以"9610"海关监管方式开展电子商务零售进出口业务的电子商务企业、监管场所经营企业、支付企业和物流企业应当按照规定向海关备案,并通过电子商务通关服务平台实时向电子商务通关管理平台传送交易、支付、仓储和物流等数据。该公告自2014年2月10日起实施。

2014年7月,海关总署宣布上海、重庆、杭州、宁波、郑州、广州、深圳等跨境贸易电子商务试点城市,给予跨境电子商务税收上的优惠政策,即通过跨境电子商务渠道购买的境外商品只需要缴纳行邮税,免去了一般进口贸易的"关税+增值税+消费税"。

2014年7月,海关总署连续出台《关于跨境贸易电子商务进出境货物、物品有关监管事宜的公告》和《关于增列海关监管方式代码的公告》,即业内熟知的"56号"和"57号"公告,从政策层面承认了跨境电子商务,同时也认可了业内通行的网购保税模式,此举被外界认为明确了对跨境电子商务的监管框架。

"57号"公告提出要增列海关监管方式代码"1210",全称"保税跨境贸易电子商务",简称"保税电商"。适用于境内个人或电子商务企业在经海关认可的电子商务平台实现跨境交易,并通过海关特殊监管区域或保税监管场所进出的电子商务零售进出境商品〔海关特殊监管区域、保税监管场所与境内区外(场所外)之间通过电子商务平台交易的零售进出口商品不适用该监管方式〕。"1210"监管方式用于进口时仅限经批准开展跨境贸易电子商务进口试点的海关特殊监管区域和保税物流中心(B型)。

业内人士认为,上述文件的实施表明国家层面对跨境电子商务的认可和鼓励,跨境电子商务的出口和进口将会在清晰的政策监管下加快发展。从2014年8月1日起,中国消费者跨境网购的商品开始拥有国家监管部门给予的正式确认的身份标识,并受到法律的严格保护,而不再是从前模糊不清的灰色状态。

(二) 跨境电子商务综合试验区试点阶段:2015年以来

国家持续释放在跨境电子商务领域的利好政策。2014年11月19日至21日,国务院总理李克强赴浙江考察,明确支持杭州申报建设跨境电子商务综合试验区并亲自为其命名,认为跨境电子商务综合试验区"是一件牵一发而动全身的事","搞好了可能就是中国未来新的发动机"。

2015年1月21日,时任国务院副总理汪洋考察杭州跨境电子商务,指导综试区申报建设,认为发展跨境电子商务是稳定外贸增长的潜在动力,是创新驱动发展的重要引擎,是"大众创业、万众创新"的重要渠道,是引领国际经贸规则制定的重要突破口。

相关政策
链接1-2

2015年3月7日,国务院印发《关于同意设立中国(杭州)跨境电子商务综合试验区的批复》(国函〔2015〕44号),提出要贯彻落实党中央、国务院的决策部署,以深化改革、扩大开放为动力,着力在跨境电子商务交易、支付、物流、通关、退税、结汇等环节的技术标准、业务流程、监管模式和信息化建设等方面先行先试,通过制度创新、管理创新、服务创新和协同发展,破解跨境电子商务发展中的深层次矛盾和体制性难题,打造跨境电子商务完整的产业链和生态链,逐步形成一套适应和引领全球跨境电子商务发展的管理制度和规则,为推动全国跨境电子商务健康发展提供可复制、可推广的经验。

2015年10月9日,时任国务院副总理汪洋视察调研中国(杭州)跨境电子商务综合试验区,要求进一步明确跨境电子商务发展模式,把促进产业发展作为工作重点,把做大做强跨境电子商务B2B作为主攻方向,大力培育新型产业贸易服务链,创新监管方式,加大政策支持,为我国外贸发展打造新引擎、塑造新优势。

2015年以来,除了支持中国(杭州)跨境电子商务综合试验区建设,国务院更多地从推动中国外贸转型升级的角度来支持跨境电子商务发展。李克强总理认为,跨境电子商务不是简单的"国内老百姓买国外商品",而是企业大量的进出口业务采用"互联网+外贸"的方式,实现"优进优出",带动实体店和工厂的发展,同时,也会有力地促进就业。国务院在2015年相继出台了《关于改进口岸工作支持外贸发展的若干意见》《关于加快培育外贸竞争新优势的若干意见》《关于大力发展电子商务加快培育经济新动力的意见》等文件,在推动跨境电子商务发展方面做出了重要部署。特别是 2015 年 6 月 20 日,国务院下发《关于促进跨境电子商务健康快速发展的指导意见》,强调通过"互联网＋外贸"发挥我国制造业大国优势,实现优进优出,促进企业和外贸转型升级,被看作是新形势下促进跨境电子商务加快发展的指导性文件。《关于促进跨境电子商务健康快速发展的指导意见》明确了跨境电子商务的主要发展目标,特别是提出要培育一批公共平台、外贸综合服务企业和自建平台,并鼓励境内企业与境外电子商务企业强强联合。国务院办公厅《关于促进跨境电子商务健康快速发展的指导意见》(国办发〔2015〕46 号)从多个方面给出政策支持,包括优化配套的海关监管措施,完善检验检疫监管政策措施,明确规范进出口税收政策,完善电子商务支付结算管理,提供积极财政金融支持等。

相关政策
链接 1-3

(三) 跨境电子商务综合试验区试点扩大阶段:2016 年 1 月 6 日至今

中国(杭州)跨境电子商务综合试验区的先行先试取得了阶段性成果,得到了国务院的充分肯定。传统外贸形势的低迷和跨境电子商务如火如荼的发展氛围使得国家下定决心要扩大跨境电子商务综合试验区的试点。

2016 年 1 月 6 日,国务院召开常务会议,决定将先行试点的中国(杭州)跨境电子商务综合试验区初步探索出的相关政策体系和管理制度,向更大范围推广。在东中西部选择一批基础条件较好、进出口和电子商务规模较大的城市,新设跨境电子商务综合试验区,复制推广以下经验做法。

一是构建六大体系,包括企业、金融机构、监管部门等信息互联互通的信息共享体系,一站式的在线金融服务体系,全程可验可测可控的智能物流体系,分类监管、部门共享和有序公开的电子商务信用体系,为企业经营、政府监管提供服务保障的统计监测体系,以及风险防控体系。

二是建设"线上综合服务"和"线下综合园区"两个平台,实现政府部门间信息互换、监管互认、执法互助,汇聚物流、金融等配套设施和服务,为跨境电子商务打造完整产业链和生态圈,以更加便捷高效的新模式释放市场活力,促进企业降成本、增效益,支撑外贸优进优出、升级发展。

2016 年 1 月 12 日,国务院印发《关于同意在天津等 12 个城市设立跨境电子商务综合试验区的批复》(国函〔2016〕17 号),同意在天津市、上海市、重庆市、合肥市、郑州市、广州市、成都市、大连市、宁波市、青岛市、深圳市、苏州市等 12 个城市设立跨境电子商务综合试验区,着力在跨境电子商务 B2B 方式相关环节的技术标准、业务流

相关政策
链接 1-4

程、监管模式和信息化建设等方面先行先试。

这一时期,国家对跨境电子商务新型业态持积极鼓励态度,但有所变化的是,国家希望重点支持跨境电子商务 B2B 的发展,为外贸出口提供新支撑,同时规范发展跨境电子商务进口。

此时,对跨境电子商务行业影响比较大的政策是跨境电子商务零售进口税收新政。

2016 年 3 月 24 日,财政部、海关总署、国家税务总局《关于跨境电子商务零售进口税收政策的通知》财关税〔2016〕18 号中指出,自 2016 年 4 月 8 日起,我国将实施跨境电子商务零售 B2C 进口税收政策。网购保税进口商品不再按"个人物品"征收行邮税,而是按照货物征收关税和进口环节的增值税和消费税,并取消免征税额,设立单次交易限值和个人年度限值。同时,国务院关税税则委员会发布通知,自 2016 年 4 月 8 日起,同步调整行邮税政策,将四档税目调整为三档。2016 年 4 月 7 日和 4 月 15 日,财政部等 11 部门正式公布两批 1293 个跨境电子商务零售进口商品清单,即业内所称的"正面清单","正面清单"规定了可以进口的品类要求,两批正面清单都规定"网购保税商品'一线'进区时需按货物验核通关单"。从行业反馈看,跨境电子商务零售进口新政中,征税并不是致命因素,影响最大的是商品的限值、正面清单和通关单,特别是通关单,影响了跨境电子商务网购保税进口模式的通关效率优势。

2016 年 5 月 25 日,财政部网站发布《财政部关税司负责人谈跨境电子商务零售进口有关过渡期监管措施》文件,对《跨境电子商务零售进口商品清单》(含第二批)中规定的有关监管要求给予一年的过渡期。在 2017 年 5 月 11 日前(含5 月 11 日),对 10 个试点城市经营的网购保税商品"一线"进区时暂不验核通关单,暂不执行化妆品、婴幼儿配方奶粉、医疗器械、特殊食品(包括保健食品、特殊医学用途配方食品等)的首次进口许可批件、注册或备案要求;对所有地区的直购模式也暂不执行上述商品的首次进口许可批件、注册或备案要求。新政中的正面清单和税收新政策、单次和年度交易限值继续执行。随着一年过渡期的临近,2016 年 11 月 15 日,经商务部等相关部门同意,跨境电子商务零售进口监管新政过渡期进一步延长至 2017 年年底。2017 年 3 月 17 日,商务部新闻发言人就跨境电子商务零售进口过渡期后监管总体安排发表谈话并指出,对跨境电子商务零售进口商品暂按个人物品监管。在此基础上,未来,结合电子商务法等立法及跨境电子商务零售进口发展情况,须根据需要进一步完善监管模式。2017 年 9 月 20 日,国务院第 187 次常务会议决定将跨境电子商务零售进口监管过渡期政策再延长一年至

相关政策
链接 1-5

2018 年底,并加快完善相关制度。2017 年 12 月 7 日,在商务部例行新闻发布会上,发言人高峰表示,自 2018 年 1 月 1 日起,将跨境电子商务零售进口监管过渡期政策使用的范围扩大至合肥、成都、大连、青岛、苏州等 5 个城市。此举意味着国家对跨境电子商务零售进口新型业态总体上呈支持态度,只是希望逐步规范化发展。

此外,2017 年 9 月 20 日的国务院常务会议再次肯定了跨境电子商务综合试验区"六体系两平台"的成熟做法,要求积极探索新经验,在制定跨境电子商务国际标准中发挥更大作用。同时要再选择一批基础条件好、发展潜力大的城市建设新的综合试验区,推动跨境电子商务在更大范围发展。2017 年 10 月 26 日,商务部等 14 部门联合发函,复制推广跨境电子商务综合试验区成熟经验做法。函中指出,按照党中央、国务院决策部署,两年多来,在各部门和地方共同努力下,13 个综试区建设取得积极成效,初步建立起一套适应跨境电子商务发展的政策体系,探索形成了一批可复制、可推广的经验做法,有力支撑了外贸转型升级和创新发展,推动了大众创业万众创新。

相关政策
链接 1-6

2018 年 7 月 13 日,国务院常务会议决定在北京、呼和浩特、沈阳、长春、哈尔滨、南京、南昌、武汉、长沙、南宁、海口、贵阳、昆明、西安、兰州、厦门、唐山、无锡、威海、珠海、东莞、义乌等 22 个城市新设一批跨境电子商务综合试验区,持续推进对外开放、促进外贸转型升级。

相关政策
链接 1-7

2018 年 9 月 28 日,财政部发布《关于跨境电子商务综合试验区零售出口货物税收政策的通知》,自 2018 年 10 月 1 日起,对综试区电子商务出口企业出口未取得有效进货凭证的货物,同时符合相关条件的,试行增值税、消费税免税政策。

相关政策
链接 1-8

2018 年 11 月 28 日,商务部、发展改革委、财政部、海关总署、税务总局、市场监管总局发布《关于完善跨境电子商务零售进口监管有关工作的通知》,明确了跨境电子商务零售进口监管方案。我国将自 2019 年 1 月 1 日起,调整跨境电商零售进口税收政策,提高享受税收优惠政策的商品限额上限,扩大清单范围。将年度交易限值由每人每年 20000 元提高至 26000 元,今后随居民收入提高相机调高;将单次交易限值提高至 5000 元。增加了葡萄汽酒、麦芽酿造的啤酒、健身器材等 63 个税目商品,对前两批清单进行了技术性调整和更新,调整后的清单共 1321 个税目。

2019 年 3 月 20 日,财政部、国家税务总局、海关总署在 2019 年第 39 号公告《关于深化增值税改革有关政策的公告》中指出,增值税一般纳税人(以下称纳税人)发生增值税应税销售行为或者进口货物,原适用 16% 税率的,税率调整为 13%;原适用 10% 税率的,税率调整为 9%。

2019 年 1 月 12 日,国务院《关于促进综合保税区高水平开放高质量发展的若干意见》中指出,"支持综合保税区内企业开展跨境电商进出口业务,逐步实现综合税区全面适用跨境电商零售进口政策"。

至此,国家关于跨境电子商务政策演进的脉络大致清晰。如图 1-4 所示。

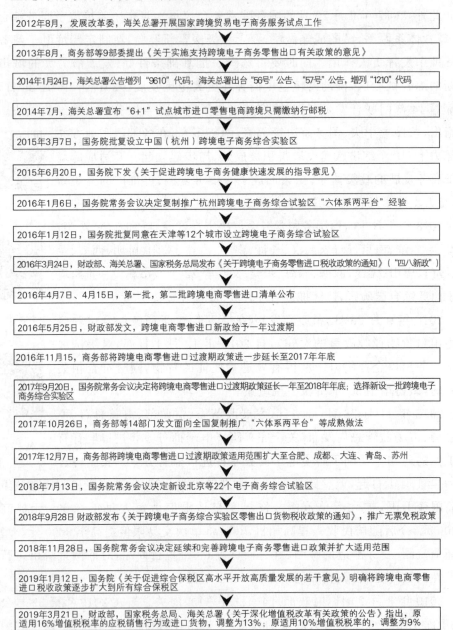

图 1-4　国家关于跨境电子商务政策演进的脉络

第二章　跨境电子商务综合试验区顶层设计

近几年,传统零售商、境内外电商巨头、创业公司、物流服务商、供应链分销商纷纷入局进口跨境电子商务;同时,在经济发展总体放缓的大背景下,国际需求在减少,传统外贸公司转型线上出口,由传统大贸易向碎片化贸易发展。

当前,随着改革红利、人口红利和全球化红利的减弱,中国外贸已由过去的高速增长期向低速期甚至是负增长转变,对外贸易由过去的买方市场向卖方市场转变,各种展会上产品和供应商类同,各种竞争手段频出,价格比拼,利润摊薄,而且账期长,款项难收。如何保持客户和市场份额,重新撬动出口这一"经济发动机",成为中国外贸发展的新议题。跨境电子商务就是帮助中国外贸重新赢得竞争新优势的有效途径,决策者们需要站在推动外贸发展的高度加强顶层设计。

一、跨境电子商务发展瓶颈

(一) 跨境电子商务 B2C 亟须解决问题

跨境电子商务出现的商品碎片化、贸易主体碎片化、管理政策碎片化观象,使得现行监管政策制度与跨境电子商务发展需求"不适应",政府监管部门之间存在"不协同",跨境电子商务企业运作"不规范"。

1. 商品碎片化

互联网的数字化和扁平化特征,给了企业和个人直接面对消费者的机会,传统外贸大单逐渐被小且分散的碎片化订单取代,以一个个快件、包裹和拼箱呈现,单个企业或消费者能够即时按需采购、销售或消费,贸易双方的交易频率大幅提高。

2. 贸易主体碎片化

相比于以外贸企业为主体的传统贸易,跨境电子商务的市场主体更加多元化。由于互联网的"去中心化",基于互联网的跨境贸易不再是大企业的专利,中小企业,甚至小微企业逐渐在跨境电子商务市场份额中占据越来越多的比重。据估算,目前每年在跨境电子商务平台上注册的新经营主体中,中小企业和个体工商户已占到 90% 以上。

3. 管理政策碎片化

从 2012 年以来，国家在促进跨境电子商务发展方面出台了一系列政策，但是关、检、汇、税、商、物、融等与跨境电子商务相关的部门尚未形成完整的跨境电子商务政策支持体系。

(二) 跨境电子商务 B2B 亟须解决的问题

近年来，传统外贸连续遭遇寒冬，一方面，境外市场大环境不景气，导致外需乏力，购买力减弱，许多外贸企业靠维护老客户、降价等方式来支撑，一旦没有了订单，企业很难维持。另一方面，传统外贸自身也存在很大问题，很难摆脱"低端加工厂"困境。向来以低价格闻名于世的中国制造，随着外贸市场各种要素成本快速上升，固有优势逐渐变小，在竞争力上远远比不过土地、劳动力、原材料价格更低的东南亚国家。归纳起来，发展跨境电子商务 B2B，加快互联网外贸发展，要解决以下三大问题。

1. 市场订单不足

对于 B2B 企业来说，如何更好地发现订单仍是关键，跨境电子商务平台具有流量的优势，往往是订单的来源地。因此，选择好的平台上线经营，提升企业的接单能力，是赢得订单的关键。

2. 渠道缺失

目前，境内供货商找境外销售渠道，境外批发商、零售商找境内货源，商机对接是 B2B 企业的核心，而渠道缺失问题是阻碍跨境电子商务交易达成的痛点。谁拥有核心技术、核心设备、核心配方和工艺，谁掌握了渠道，谁就拥有品牌曝光的机会，谁就能占据互联网外贸主动权。

3. 信任问题

B2B，不存在"专业不对称"问题，因为两端都是"生意人"，做哪种买卖熟悉哪个行业，采购过来的材料或成品不是为了自用而是销售。但是，当批量采购（材料或成品）时，找哪家进货？除了价格和品质外（可先打样），到底是先付款还是先拿货？签订了合同对方是否能履约？这类信任问题是选择的难点。为了安全通常小批量采购，选择就近且熟悉的批发商进货，大量采购则要购买保险、保理等产品分散风险。否则，就不是退货还钱的问题，而可能是灭顶之灾！B2B 很难在线下单，难就难在信用不对称，很难产生对彼此的信任。

(三) 跨境电子商务行业面临的挑战

基于上述跨境电子商务发展中的问题,跨境电子商务还存在现行监管政策制度与跨境电子商务发展需求"不适应",政府监管部门"不协同",跨境电子商务企业运作"不规范"等问题,而跨境电子商务企业则面临"通关难""退税难""融资难"等挑战。

1. 现行监管政策制度与跨境电子商务发展需求"不适应"

现行的监管政策制度是基于传统进出口贸易制定的,而跨境电子商务的特征和迅速发展的趋势使得监管政策制度在市场主体认定、通关流程及监管方式、质量安全与追溯、退税结汇方面都不相适应。一方面,由于跨境电子商务属于新型商业模式,表现形式多样、涉及领域广泛、规模发展快速;另一方面,监管部门对跨境电子商务概念的理解需要逐步深入,比如在商业模式上,很多人把聚焦点放在跨境电子商务 B2C 上,而 B2B 业务是跨境电子商务更需要重视和关注的模式;跨境电子商务还有 M2C、M2B、B2B2C 等更多模式。在监管过程中,不能仅仅在传统一般贸易监管制度框架内去适应性创新,而应把跨境电子商务作为新型贸易方式,进行再造式、系统性制度安排。

2. 政府监管部门"不协同"

跨境电子商务全流程链路较长、环节较多,原有的行政管理体制模式与跨境电子商务发展不协调,涉及"关、检、税、汇"等主要监管部门垂直管理,且有各自的管理系统和工作体系,存在一定程度的信息壁垒。

3. 跨境电子商务企业运作"不规范"

由于原有的监管体系存在滞后和空白问题,同时存在"查证难、认定难和执法难"的问题,部分跨境电子商务企业在进出口申报、纳税、检验检疫、物流、售后等方面不规范,极少数跨境电子商务企业利用政策空白点钻空子,牟取利益。

4. 跨境电子商务企业"通关难"

跨境电子商务 B2C 企业在通关时,由于单个包裹货值低、通关手续多、报关单成本高,同时小包裹和普通包裹一起出入境,由于数量多造成时效低;跨境电子商务 B2C 进口时转关还没有明确规则,使得进口通关受到影响;商品进入后检验检疫成本较高、流程复杂。跨境电子商务 B2B 企业形成通关、报检、退税、结汇、物流等业务的线上流程闭环有难度。

5. 跨境电子商务企业"退税难"

跨境电子商务 B2C 零售出口企业由于无法取得合法有效的进货凭证,因此无法退税。跨境电子商务 B2B 出口企业存在退税周期长、额度受限等问题。

6. 跨境电子商务企业"融资难"

跨境电子商务交易过程中,境外买家一般使用美元付款,而卖家则需要将这些美元兑换成人民币才能在境内使用,中间涉及结汇。同时,跨境电子商务企业以轻资产公司居多,规模小、订单碎片化,融资时无法进行资产抵押担保,缺乏抵御政策和市场风险的能力。

要从根本上解决跨境电子商务行业发展面临的问题,必须站在全局高度,再造一套与跨境电子商务发展相适应的制度体系,为全国提供可复制、可推广的经验,推动跨境电子商务自由化、便利化、规范化发展。

二、 跨境电子商务综合试验区发展方向

(一) 以出口为主导适度发展进口

传统外贸面临的市场订单不足、利润空间变小和价值链低端等问题,最终导致了外贸增速的放缓。国家大力支持跨境电子商务新兴业态,就是看中了跨境电子商务新商业模式对外贸增长的拉动作用,冀望于跨境电子商务新模式为外贸发展提供新支撑。由于跨境电子商务有着成本低、效率高、中间环节少的天然优势,借助跨境电子商务,可以更好地帮助传统外贸和制造企业拓市场、降成本、创品牌,解决当前面临的突出问题。

1. 拓市场

原先要通过参加展会才能寻找到订单,现在利用跨境电子商务平台,可以把原来的单一市场扩大到全球市场,大大拓展了市场规模,可以有效扩大单量。因为跨境电子商务的兴起,"一带一路"沿线国家和地区的市场潜力被逐渐看好,正在成为推动外贸发展的新增长点。

2. 降成本

跨境电子商务具有在线化特征,以电子流、信息流代替了实物流,可以有效减少人力、物力,提升了企业效率,降低了企业成本。依托跨境电子商务平台化模式和直接化优势,中小微企业以极低成本进入国际(地区间)市场,直接面向全球消费者,有效解决了传统销售渠道中间环节多、市场终端售价高、制造企业利润低等问题。

3. 创品牌

传统企业的品牌往往要经过几十年的日积月累,通过消费者口口相传才能形成行业知名度。跨境电子商务依托互联网海量的信息,并通过电子商务大数

据分析,可以更加快速准确地反馈消费者对产品的需求建议,帮助企业从产品、外观、价格、包装等各方面综合考虑,研发制造出满足市场需求的产品,借助社交营销和数据搜索引擎进行口碑营销,打造互联网品牌。

从国际上看,鼓励出口是各国的通行做法,跨境电子商务也不例外,受到了各国政府的鼓励和扶持。在目前及可预见的将来,出口跨境电商交易规模在进出口跨境电商交易规模中的占比正且仍将保持在70%以上。跨境电子商务出口卖家正在从广东、江苏、浙江等沿海地区向中西部拓展,产品种类也正在由3C等低毛利率标准品向服装、户外用品、健康美容、家居园艺和汽配等新品类扩展。

在跨境电子商务出口业务高速发展的同时,跨境电子商务进口业务也在加快发展。近年来,跨境电子商务进口业务衍生出许多模式,如直购进口、网购保税进口。在发展初期,国家本着先发展后规范的初衷,对于跨境电子商务零售进口模式持开放态度,鼓励积极探索,给予极为优惠的政策,对网购保税进口和直购进口50元以下的商品免征行邮税,推动了跨境电子商务进口业务的快速发展。在跨境电子商务发展过程中,通过网购保税进口模式进入保税仓的货物缓税,通过跨境电子商务平台销售,以个人物品清关后50元以下的商品行邮税免征,无须缴纳传统进口贸易增值税。但考虑到通过网购保税进口模式进境的跨境电子商务商品单品价格往往在500元以内免于缴纳10%的行邮税,在一定程度上冲击了传统进口贸易,有违税收公平性原则。因此,2016年4月8日以来,出于营造公平竞争的市场环境的考虑,国家有关部委出台了关于跨境电子商务零售进口税收新政,并调整了相关监管要求。但是考虑到新政的平稳过渡和整个跨境电子商务零售进口业务健康发展的需要,关于新政的监管要求特别是在通关单等方面设定了过渡期。2017年3月17日,商务部新闻发言人就跨境电子商务零售进口过渡期监管总体安排发表的谈话,明确了跨境电子商务零售进口商品暂按个人物品监管;2017年9月20日,国务院第187次常务会议决定将跨境电子商务零售进口监管过渡期政策再延长一年至2018年底;商务部、发展改革委、财政部、海关总署、税务总局、市场监管总局于2018年11月28日联合印发的《关于完善跨境电子商务零售进口监管有关工作的通知》,则进一步明确了监管过渡期后的衔接政策,促进了跨境电子商务零售进口的健康发展,跨境电子商务零售进口企业许多悬而未决的问题,如"对跨境电商零售进口商品按个人自用进境物品监管"得以明确。

由此可见,从长远来看,国家对跨境电商进口业务还是呈支持态度,税改淘汰了过去因为免税产生的价格战泡沫,行业竞争的本质将回归到真正解决用户的痛点上来。新政亦如大浪淘沙,只有继续以创新为驱动力,经受住市场考验的企业,才能厚积薄发,在新一轮发展机遇中争得一席之地。

(二) 以跨境电子商务 B2B 发展为主导,跨境电子商务 B2C 为补充

回顾跨境电子商务的发展轨迹,原本通过一般贸易进口的大批量产品无法满足境内市场消费需求的个性化和多样化态势,加之政府的推动,从而逐渐催生了以"小批量、多品类、多批次"为特征的跨境电子商务零售进口。跨境电子商务 B2C 模式,对推动消费升级,提升全球消费者生活品质具有重要意义。阿里研究院预计,到 2020 年,中国跨境电子商务零售出口额将达到约 2.16 万亿元人民币,年均增长 34%。埃森哲预计全球跨境电子商务 B2C 将于 2020 年达到近 1 万亿美元,年均增幅高达 27%;全球跨境 B2C 电商消费者总数将超过 9 亿人,年均增幅超过 21%。[①]

考虑到拥有超过 2 亿跨境电子商务 B2C 消费者,我国将成为全球最大的跨境电子商务 B2C 消费市场。当然,我们不能不看到 B2C 的局限性,这种模式的业务看起来热闹,但是以小包裹为主,在发展初期能够迅速聚拢人气,见到成效,烘托气氛,进出口的业务量却很难做大。从统计金额看,贸易额数字非常小,对进出口的增长作用有限,可以说是投入很大、成本很高,效率却很低。而 B2B 就不同,一个集装箱的出口货值,就相当于成千上万个小包裹,只有大力发展 B2B,跨境电子商务业务量才可能实现爆发式增长,才能真正成为外贸出口的增长点。

跨境电子商务 B2C 业务模式也不利于政府监管,一方面跨境电子商务企业普遍反映存在通关难、融资难、退税难等各种问题;另一方面监管部门担心管不住,受人力限制,往往超负荷工作。以海关监管为例,一个监管点几个工作人员,每天几万个包裹,检查起来任务繁重。所以必须要大力发展跨境电子商务 B2B,对于 C 端运用大数据手段分级分类监管。

(三) 以政府端监管服务模式重构带动市场端生态圈形成

市场主体是逐利的,跨境电子商务的发展,最初的市场主体良莠不齐,必须重构监管模式,更好地发挥政府作用,有效引导社会资源,通过优化监管服务、完

---

① 2015 年 6 月 11 日,阿里研究院与埃森哲在"中国跨境电子商务发展论坛"上联合发布全球跨境电子商务 B2C 趋势报告,预测 2020 年全球跨境电子商务 B2C 交易额将达到 9940 亿美元,惠及 9.43 亿全球消费者。其中,以中国为核心的亚太地区以 53.6% 的新增交易额贡献度位居首位。2020 年,中国有望成为全球最大的跨境电子商务 B2C 消费市场,中国跨境电子商务进出口业务的发展将拉高全球跨境消费年均增速近 4%。跨境电子商务 B2C 消费者总数将由 2014 年的 3.09 亿人增至 2020 年的 9 亿人以上,年均增幅超过 21%。

善政策法规,为跨境电子商务发展创造良好环境。同时要正确处理政府与市场的关系,发挥市场在资源配置中的决定性作用,激发企业参与跨境电子商务发展的主体性、主动性和创造性。

在以往的跨境电子商务监管中,多以串联监管为主,部门之间存在"信息壁垒",影响通关效率和企业体验。在实践中,要改变过去多头监管模式,实现信息共享,建立线上综合服务平台,打破海关、国检、税务、外汇管理等监管部门之间的"数据壁垒",将各部门都需要提供的"同类项"合并,企业所有申报行为只面对一个平台,一次性递交满足监管部门要求的标准化单证和电子信息,监管部门将处理状态通过线上综合服务平台反馈给申报人。此举不但可以提高政府监管效能,减少申报单证的重复录入和数据信息的差错,促进贸易便利化,还能降低贸易和物流企业的物流成本。

政府在跨境电子商务监管方面的模式重构和体系再造,最终目的是要吸引产业链上下游企业的集聚,形成良好的跨境电子商务生态圈。一个好的生态圈,不仅仅是交易,更注重产业发展,必须打通上下游,疏通左中右,营造良好的发展环境。[①] 比如,中国(杭州)跨境电子商务综合试验区就在创建全球最优跨境电子商务生态圈,生态圈内既有阿里巴巴、网易考拉等本土跨境电子商务平台,又积极招引 Amazon、Wish、Paytm Mall、eBay 等境外跨境电子商务巨头落户,同时,还集聚了数字营销、金融支付、仓储物流、供应链管理等一批跨境电子商务服务商。

三、 跨境电子商务综合试验区顶层设计原则

国务院多次召开常务会议,推进"互联网＋"战略,并在发布的《关于积极推进"互联网＋"行动的指导意见》中提出,互联网与经济社会各领域的融合发展进一步深化,基于互联网的新业态成为新的经济增长动力,互联网支撑大众创业、万众创新的作用进一步增强,互联网成为提供公共服务的重要手段,网络经济与实体经济协同互动的发展格局基本形成。

跨境电子商务聚焦"互联网＋"业态,在顶层设计中必定要运用互联网思维,把握互联网新经济发展规律,注重与外贸和实体经济的融合发展;立足数据化监管服务,适应跨境电子商务的小单化、高频化和在线化特征,改变互联网时代的政府管理和运作模式;着眼于跨境电子商务全流程创新,关注跨境电子商务交

---

① 张汉东.跨境电子商务未来十大发展趋势[J].浙江经济,2016(17).

易、支付、物流、通关、退税、结汇的各个环节,通过建立以信息为基础、以信用为核心、以技术为支撑的跨境电子商务新型监管服务模式,来带动金融、物流等市场端创新,实现跨境电子商务自由化、便利化、规范化发展,形成经济发展新动能,催生经济发展新格局。

四、 跨境电子商务综合试验区顶层设计架构特点

(一) "六体系两平台"架构

关于跨境电子商务顶层设计,是国务院推进跨境电子商务综合改革试验的相关要求。2015年以来,中国(杭州)跨境电子商务综合试验区提出了构建以"六体系两平台"为核心的顶层设计架构,得到了国务院的肯定,并成为全国第二批12个跨境电子商务综合试验区学习的范本。如图2-1所示。

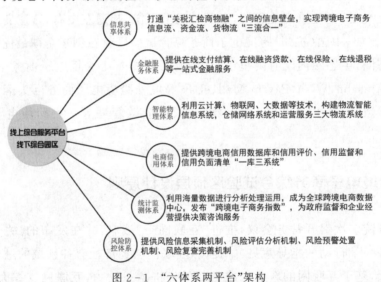

图2-1 "六体系两平台"架构

1. "六体系"概述

"六体系"内容非常丰富,现简要介绍如下。

(1) 信息共享体系

信息共享体系方面,统一信息标准规范、信息备案认证、信息管理服务,建立起跨境电子商务信息合作机制和共享平台,实现"关、税、汇、检、商、物、融"数据的互联互通、共享共用,为信息流、资金流、货物流的"三流合一"提供数据和技术支撑,根据执法需要实现全口径数据共享,提高通关效率。

（2）金融服务体系

金融服务体系方面，鼓励金融机构、支付机构、第三方电商平台、外贸综合服务企业之间规范开展合作，为具有真实交易背景的跨境电子商务交易提供在线支付结算、在线融资、在线保险、在线退税等一站式金融服务。

（3）智能物流体系

智能物流体系方面，运用云计算、物联网、大数据等技术，建立物流智能信息系统、物流仓储网络系统和物流运营服务系统，实现物流供应链全程的可验、可测、可控，形成布局合理、层次分明、衔接顺畅、功能齐全的跨境物流分拨配送和运营服务体系。

（4）电商信用体系

电商信用体系方面，利用多方信用基础数据的积累，建立起信用管理的信用数据库、信用评价系统、信用监管系统和负面清单系统的"一库三系统"，对企业进行信用认证和评估，实行分级分类监管。

（5）统计监测体系

统计监测体系方面，利用大数据、云计算技术，对交易、通关、支付等海量数据进行分析、处理、运用，建立跨境电子商务的统计制度，为政府监管和企业经营提供决策、咨询服务。

（6）风险防控体系

风险防控体系方面，建立风险信息采集、风险评估分析、风险预警处置、风险复查完善等机制，开展跨境电子商务全流程的专业风险分析，防范非真实贸易洗钱的经济风险、涉及网络安全的技术风险及产品安全的交易风险等。

2. "两平台"概述

"两平台"，即线上综合服务平台和线下综合园区平台。

（1）线上综合服务平台

线上综合服务平台是"六体系"建设的重要基础和支撑。线上综合服务平台一方面为企业提供备案、申报等综合服务；另一方面通过掌握信息流、资金流和货物流"三流"数据，为监管部门提供在线监管服务。通过线上综合服务平台，可以实现跨部门、跨行业、跨地区信息的共享交换、协同作业，形成监管部门的"信息互换、监管互认、执法互助"和市场主体的"一次申报、一次查验、一次放行"。

（2）线下综合园区平台

线下综合园区平台既是跨境电子商务企业和产业集聚的平台，又是为跨境电子商务提供通关、金融、物流、人才等供应链综合服务的平台。平台主要任务是建设完善跨境电子商务的产业链和生态圈，为跨境电子商务发展提供良好营商环境。

(二) "六体系两平台"的特点

"六体系两平台"涵盖了跨境电子商务发展所需的关键环节和要素,是跨境电子商务综合试验区管理服务的完整体系,具有前瞻性、系统性、协同性和数据化特点。

1. 前瞻性

"六体系两平台"的整体框架设计得到了国务院的充分肯定,国家希望通过跨境电子商务"杭州经验"的复制推广,吸引大中小企业集聚,促进新业态成长,用更加便捷高效的新模式释放市场活力,推进外贸优进优出。

2. 系统性

"六体系两平台"是个完整的架构和有机的整体,八个方面相辅相成、缺一不可,通过信息共享体系可以确定贸易真实性并进行信用评估,在信用评级体系基础上进行分级分类监管,简化优化监管流程,给跨境电子商务提供金融、物流等供应链综合服务,交易闭环沉淀的大数据为风险防控体系和统计监测体系提供了基础,同时通过风险防控和统计监测指引了跨境电子商务的发展方向。线上综合服务平台和线下综合园区平台不仅是"六体系"在线上线下的承载平台和交互界面,更是跨境电子商务综合试验区的数据枢纽和核心部分。

3. 协同性

互联网时代强调合作共赢,"六体系两平台"建设仅靠某一个部门很难实现,无论是信息共享、金融服务、智能物流、电商信用、统计监测和风险防控等"六体系"的建设,还是线上综合服务平台和线下综合园区平台的功能拓展,都需要政府监管部门之间、监管部门与市场主体之间、市场主体之间的联动协同,形成生态系统,"六体系两平台"建设协同并进,缺一不可。

4. 数据化

跨境电子商务有海量的商品和企业,单靠人力管理的传统模式,远远不能适应,必须采用数据化手段。中国(杭州)跨境电子商务综合试验区"六体系两平台"正是采用了"互联网思维、大数据手段和负面清单信用管理",通过大数据的沉淀赋能,一方面给企业便利,让企业通得快,便利高效,另一方面监管部门要管得住,履行好监管的责任。

五、跨境电子商务综合试验区"六体系两平台"实践探索

2015年3月7日,国务院批复同意设立中国(杭州)跨境电子商务综合试验区,开启了中国(杭州)跨境电子商务综合试验区的建设历程。当年6月底,在中国(杭州)跨境电子商务综合试验区建设推进大会上公布了《中国(杭州)跨境电子商务综合试验区实施方案》,披露了"六体系两平台"顶层设计。

2015年,中国(杭州)跨境电子商务综合试验区率先推出了跨境电子商务领域线上综合服务平台,实现了关、检、汇、税等监管部门的互联互通,上线跨境电子商务B2C和跨境电子商务B2B线上业务模块,新设一批跨境电子商务产业园区,中国(杭州)跨境电子商务综合试验区"六体系两平台"初具雏形。2016年1月6日召开的国务院常务会议决定推广杭州经验,部署设立12个城市为新一批跨境电子商务综合试验区,复制推广杭州"六体系两平台"的顶层设计。

面对全国跨境电子商务综合试验区城市新一轮竞争,2016年,中国(杭州)跨境电子商务综合试验区持续加快"六体系两平台"建设,经过一年的建设,基本形成了"六体系两平台"的整体框架。

(一)"六体系"建设实践

在信息共享体系建设方面,不仅汇集了关、检、汇、税等部门数据,还链接了平台、金融、物流等市场主体数据,制定了全国首个跨境电子商务B2B出口业务认定标准、申报流程,统一规范企业报送字段标准,推动跨境电子商务的多场景应用。

在电商信用体系建设方面,利用大数据技术,完成了电商信用数据库概念设计,联动市场主体探索信用体系建设。

在智能物流体系建设方面,联合市场主体创新,探索跨境电子商务的"智能化"物流解决方案,积极开拓物流专线。

在金融服务体系方面,进一步深化跨境电子商务外汇支付业务试点,推动个人贸易外汇管理改革,开展跨境人民币业务创新。

在风险防控体系方面,设立跨境电子商务商品质量安全风险国家监测中心,提高风险预警和防范能力。

在统计监测体系方面,创新探索交易主体信息、电子合同、电子订单等标准格式和跨境电子商务进出口商品的简化统计分类标准和全样本调查。

(二) "两平台"建设实践

在线上综合服务平台建设方面,实现监管部门数据的互联互通和共享共用,为企业提供"一站式"报关、报检、收汇、退税等政务服务,有效解决"部门多头管理""企业多头申报"等难题。

在线下综合园区平台建设方面,编制实施综试区产业发展规划,继续新设一批市级跨境电子商务产业园区。

(三) "六体系两平台"实验成果

2017 年是中国(杭州)跨境电子商务综合试验区"六体系两平台"建设全面深化之年。中国(杭州)跨境电子商务综合试验区以建设全国首个跨境电子商务领域大数据平台为引领,通过汇集关、检、汇、税等政府部门基础信用数据,形成跨境电子商务大数据平台信用数据库,建立科学的跨境电子商务信用体系和风险防控体系,为企业和监管部门提供风险预警及识别服务。基于大数据平台,打造大数据实验室,支持授权的第三方在大数据实验室内进行模型构建、验证等工作,从而开展数据挖掘、数据分析等工作,并加强结果的市场化运用。依托大数据平台,实现信息共享共用、电商信用评价、风险防控预警和线上统计监测,推动数字金融服务和智能物流枢纽建设,拓展线上平台的综合服务功能,提升线下园区的发展质量和水平。

2017 年 9 月 20 日,国务院常务会议再次肯定中国(杭州)跨境电子商务综合试验区的"六体系两平台"成熟经验,要求向全国复制推广。

总体上看,中国(杭州)跨境电子商务综合试验区建设进展顺利,呈现出数据规模逐步扩大,电商信用稳步提升,智能物流和金融体系成效显著,风险防控和统计监测加快推进,线上综合服务优化升级,产业发展速度加快,先行先试优势持续巩固的良好态势,"六体系两平台"已基本建成。

第二篇

跨境电子商务综合试验区
创新与发展

第三章　跨境电子商务综合试验区监管服务创新

　　跨境电子商务是整个互联网经济非常重要的组成部分,跨境电子商务具有互联网属性、电商属性和贸易属性,不仅环节众多,而且每一个环节都有各自的技术标准、业务流程,最终目的是要实现信息流、资金流、货物流的"三流合一"。因此,要从根本上解决当前跨境电子商务发展中面临的问题,必须在"三流合一"基础上,对跨境电子商务监管模式和流程进行再造式创新。

一、跨境电子商务基本要素

　　对于市场端而言,跨境电子商务最后拼的是供应链,整个跨境电子商务供应链里,业务的爆发式增长一定要有几个环节。谁能创造性推动信息流、资金流、货物流"三流合一",以不同的视角解决问题,把流程进一步创造性缩短,就有机会在某一个流程里面做到极致。如图 3-1 所示。

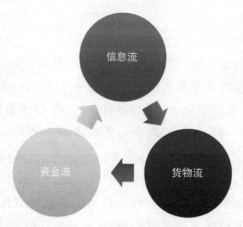

图 3-1　资金流、信息流、货物流"三流合一"

(一) 信息流

　　对于跨境电子商务而言,信息对称非常重要,最基本的任务是让客户和消费者知道有你存在,知道你在卖什么产品,以及你的产品价格和产品特点。当前,大多数做得不错的跨境电子商务,无论是平台商还是平台卖家,他们共同的特点就是依托于互联网的市场力量,运用搜索引擎、社交媒体、邮件视频等不同载体来引流,实现精准营销,提升重复购买率和用户黏性。

在跨境电子商务发展中,除了鼓励电商平台通过各种传播媒介提高境外影响力外,还要通过培训和典型示范,鼓励外贸企业和制造企业采取跨境电子商务B2B和跨境电子商务 B2C 全网营销的方式来提高产品曝光率;鼓励外贸企业和制造企业选择阿里巴巴国际站、亚马逊、中国制造网、敦煌网、大龙网等跨境电子商务平台,通过谷歌(Google)、脸书(Facebook)、推特(Twitter)等搜索引擎和社交工具来实现精准化营销;鼓励外贸企业和制造企业创制品牌提升境外影响力。

(二) 资金流

对跨境电子商务主体而言,资金流方面的主要挑战是如何成功地向境外购买者收取不同货币,以及接入各类不同的本土支付方式。传统的一般贸易往往采取信用证结算方式,即开证银行应申请人(买方)的要求并按其指示向受益人开立的载有一定金额的、在一定的期限内凭符合规定的单据付款的书面保证文件。这种传统的信用证支付方式,涉及银行核验单证的真实性及开证行的资信情况,存在流程烦琐、交易时间长的问题。在跨境电子商务金融支付中,银行是国际清算的主体;实践中,第三方跨境支付机构通常与银行合作开展跨境支付业务。

(三) 货物流

与信息流、资金流相比较,货物流有个明显的特征,即它是实实在在的商品流通,而信息流和资金流在某种程度上来说是一种虚拟化的流通,一旦虚拟化就可以通过计算机技术来协助。大多数跨境电子商务主体借助全球的物流商[敦豪航空货运公司(DHL Express)、联合包裹速递服务公司(UPS Express)、联邦快递(FedEX Express)、天地物流(TNT Express)等]及邮政小包来完成商品的运送和投递。实践中,物流在跨境电子商务贸易流程中占 1/3 左右的成本,也是可创新之处。目前,阿里巴巴国际站和一达通的盈利模式除了平台的账号收入外,主要通过一站式外贸综合服务赚取利润,亚马逊等跨境电子商务平台则把盈利点放在了跨境物流,通过自建海外仓,全球布局仓储设施,实现分级配送,赚取物流运输中的利润。一些跨境电子商务平台和应用型企业,也根据需要探索适合自己的物流路径,加快公共海外仓布局,优化跨境物流体验;一些龙头企业,如菜鸟网络,运用大数据驱动建立智能物流体系,全面提升优化跨境电子商务的供应链分析和整合能力。

二、 跨境电子商务综合试验区数据化政务服务

2015 年以前,虽然跨境贸易电子商务试点城市在监管举措上做了一些探索创新,但均是立足于部门本身的监管,缺少部门之间的联动和协同,企业在通关监管环节耗费的时间成本多。

跨境电子商务本身具有互联网属性,其背后是大数据在支撑,在监管创新方面,必须寓管理于服务,重构一个基于互联网特征的线上综合服务平台,建立基于跨境电子商务信息流、资金流和货物流"三流合一"的数据化监管服务体系,形成"电子围网",用数据来印证贸易的真实性,实现分级分类监管,让跨境电子商务企业既通得快又管得住。

2015 年 6 月 1 日,中国(杭州)跨境电子商务综合试验区率先推出线上综合服务平台(http://www.singlewindow.gov.cn),并在实践中不断完善和发展。2016 年,全国第二批新设的跨境电子商务综合试验区纷纷借鉴杭州经验,推出各自的线上综合服务平台。以中国(杭州)跨境电子商务综合试验区线上综合服务平台为例,下面将着重介绍平台的定位、功能和应用。

(一) 线上综合服务平台定位

线上综合服务平台是跨境电子商务综合试验区的数据交换枢纽和综合管理服务平台。平台坚持"一点接入",通过统一信息标准规范、信息备案认证、信息管理服务,建立备案企业信息共享库和商品溯源数据库,实现"一次备案、多主体共享、全流程使用",商品进出口全流程可视化跟踪和交易商品的"源头可溯、去向可查、风险可控、责任可究";通过与海关、检验检疫、税务、外汇管理、商务、市场监管、邮政等部门进行数据交换和互联互通,实现政府管理部门之间的"信息互换、监管互认、执法互助",推动通关全程无纸化,提高通关效率,降低通关成本。同时,线上综合服务平台通过链接金融、物流、电商平台、外贸综合服务企业等,为跨境电子商务企业和个人提供物流、金融等供应链综合服务,为全方位的线上监管和市场创新提供数据支撑。

(二) 线上综合服务平台功能

线上综合服务平台具有政务服务和综合服务双重功能,功能模块涵盖跨境电子商务 B2C 进出口业务和跨境电子商务 B2B 业务,包括进出口备案管理、政务申报、电商信用、信息发布、查询跟踪服务等内容。截至 2017 年年底,中国(杭

州)跨境电子商务综合试验区线上综合服务平台已完成平台建设、数据支撑、业务应用等三大类 30 多项模块开发并投入使用,实现与电商企业、物流企业、金融机构等 8050 余家市场主体对接,并与各监管部门数据联通,同时汇聚了杭州市市场监管、发改委等多个部门和市场主体近 2 亿条数据。完成风险预警信息功能和统计模块功能,开发线上综合服务平台手机客户端 APP,实现信息共享移动化,跨境电子商务企业可以随时查看通关、物流等信息。

(三) 线上综合服务平台应用

1. 跨境电子商务 B2C 监管服务

中国(杭州)跨境电子商务综合试验区线上综合服务平台一期"单一窗口"政务服务 B2C 业务于 2015 年 6 月 1 日起上线运行,包括进出口备案管理、政务申报、电商信用、信息发布、查询跟踪服务等内容。应监管部门要求,平台为开展跨境电子商务业务的电商企业、支付企业、物流企业等类型企业或个人提供基本信息备案、商品信息备案和免税备案等在线服务。同时,针对进出口 B2C 业务申报,提供订单管理、运单管理、清单管理、通关认证管理、报关申请单管理等功能,实现跨境电子商务 B2C 业务数据的无纸化、电子化和自动化申报与管理。

以前,开展跨境电子商务业务的电商企业、支付企业、物流企业等各类型企业或个人,要从事进出口的业务,必须分别对接海关、外汇管理、国税、市场监管、物流、金融等政府部门进行数据申报,流程复杂,且不知道申报数据处于什么处理状态,现在只需一次申报,就可以在线上综合服务平台办完所有申报流程,实现政府管理部门之间、政府部门与企业之间、企业与企业之间"信息互换、监管互认、执法互助"。

以出口 B2C 业务为例,从事出口的电商企业在订单成交之后,会在第一时间向线上综合服务平台推送订单、清单数据,线上综合服务平台负责将这些数据推送给海关监管部门,同时接收各监管部门审单回执;物流企业会向线上综合服务平台推送物流状态,如包裹什么时间到达海关监管场所,海关放行后邮包是什么时候出境的,线上综合服务平台会将这些数据推送给海关,同时接收海关审单放行的回执并推送给物流企业;根据海关跨境电子商务零售代码中"9610"清单申报和汇总归并的原则,每月 1 日,线上综合服务平台还会自动将所有申报的清单汇总成报关单,交给报关行进行报关操作。同时,退免税业务也可以在平台上进行申报。

进口 B2C 业务,电商企业在成交之后向线上综合服务平台推送订单数据,支付企业推送支付数据,物流企业推送运单数据,电商平台可以委托报关行或者具有申报资质的物流企业向线上综合服务平台提交个人物品申报单,物流企业会在每个节点向线上综合服务平台实时报送物流状态数据,线上综合服务平台汇总这些数据,向海关部门申报,同时接收海关部门的审单、放行回执,线上综合服务平台会将放行回执反馈给电商企业、物流企业和报关行。

2. 跨境电子商务 B2B 监管服务

虽然传统一般贸易出口业务流程已非常成熟,但是重构一套跨境电子商务 B2B 业务监管服务流程仍有必要。跨境电子商务 B2B 采取线上监管的模式,目的是对企业通关给予最大程度的便利。2015 年底,中国(杭州)跨境电子商务综合试验区线上综合服务平台一期"单一窗口"政务服务 B2B 出口业务正式上线。归纳起来,通过"线上综合服务平台"B2B 业务申报优势体现在以下几个方面。

(1)提高通关效率、降低通关成本。企业通过线上综合服务平台即可完成报关、报检、退税和收汇,无须分别进入各监管部门的线上或线下平台申报,做到"一次申报、一次查验、一次放行"。

(2)减轻跨境电子商务企业和报关行申报录入负担。允许企业使用内部信息系统,通过互联网接口将单个订单信息或批量订单信息直接传输至线上综合服务平台,线上综合服务平台根据订单信息生成报关申报信息,报关行补充录入部分信息即可完成申报,大大减轻手工录入工作,提高企业申报效率。

(3)全程无纸化报关报检。企业通过数据传输及网页确认的方式在线上综合服务平台实现报关、报检、退税、收汇,摆脱了传统一般贸易纸质单证申报的烦琐程序。

(4)全流程一站式综合服务。通过链接金融机构、保险、物流、电商平台、外贸综合服务企业等,为跨境电子商务企业提供收结汇、融资贷款、退税、物流、信用评价、风险预警、数据分析和买卖双方风险保障等一站式综合服务。

实践中,外贸企业或电商企业通过线上综合服务平台 B2B 业务通关,首先要在线上综合服务平台上注册登录并开通权限,申报主体备案,并进行接口改造与对接。跨境电子商务 B2B 监管服务主要流程如图 3-2 所示。

图 3-2 跨境电子商务 B2B 监管服务主要流程

（1）在线订单申报

跨境电子商务企业 B2B 交易达成后，委托达成交易的跨境电子商务平台、第三方外贸综合服务企业或由企业自建的电商平台向线上综合服务平台发送企业订单数据，线上综合服务平台自动接收订单数据，实现订单数据暂存、订单数据校验、订单数据处理并反馈回执等功能。

（2）在线报关

电商企业通过线上综合服务平台与海关预报关系统（quickpass，QP）对接，达到企业不需要登录 QP 手工录入报关单数据的目的。企业事先传输的订单等业务数据，通过规定接口向 QP 进行传输，待申报单位（报关行）登录线上综合服务平台补录报关数据，或直接在 QP 客户端完成报关数据录入后向海关通关系统（H2010）进行申报，线上综合服务平台接收报关回执信息。

（3）在线报检

电商企业通过线上综合服务平台与国检申报系统（CIQ2000）对接，达到企业不需要登录国检申报系统，也不需要手工录入报检单数据的目的。企业事先传输的订单等业务数据，通过规定接口向 CIQ2000 直接申报，并实时接收和反馈回执。

（4）在线退税申报

线上综合服务平台与国税出口退税申报系统对接，电商企业按照国税退税要求，在出口退税申报系统（龙图系统）生成出口退税正式申报电子数据，登录线上综合服务平台后，在"退税申报"模块中向国税系统上传报送数据，并查询退税进度和结果信息。

（5）在线收汇

企业在线上综合服务平台辅助收汇页面上授权线上综合服务平台把企业相关信息发送给银行，企业通过线上综合服务平台 B2B 接口正常报关后，银行在收到企业出口款项时，通过数据匹配，实现线上贸易背景真实性核查，匹配成功后实现快速自动入账，并把相关信息反馈给线上综合服务平台，企业可登录线上综合服务平台在线查询收汇信息。2016 年 8 月 25 日下午，在国家外汇管理局浙江省分局的支持下，建设银行浙江省分行通过中国（杭州）跨境电子商务综合试验区"线上综合服务平台"金融专区成功跑通首笔备案企业的在线收汇业务，实现首笔跨境电子商务企业信息流和资金流的数据交互。

中国（杭州）跨境电子商务综合试验区完成与阿里巴巴、中国制造网、大龙网、敦煌网四大跨境电子商务 B2B 平台及一批垂直电商平台的数据联调对接，推动跨境电子商务在多场景下的应用。杭州企业已实现线上"一站式"在线报关、报检、退税、收汇。中国(杭州)跨境电子商务综合试验区率先在跨境电子商务领域实践"通关一体化",杭州跨境电子商务企业已实现从杭州海关申报,全国口岸通关放行,到企业出口货物申报时间缩短到平均 1 分钟。中国(杭州)跨境电子商务综合试验区与货代(报关行)合作,为企业通过"线上综合服务平台"通关提供了扶持,对通过"线上综合服务平台"模式出口的企业提供退税绿色通道,缩短退税时间,保障退税额度。

三、 跨境电子商务综合试验区数据化综合服务

随着政务服务改革创新的进程不断加快,线上综合服务平台政务服务功能不断完善,平台逐渐向综合服务方向拓展和深化。2017 年 12 月 19 日,作为线上综合服务平台的重要组成部分,中国(杭州)跨境电子商务综合试验区大数据平台上线测试。平台通过整合政府相关部门及跨境电子商务市场主体贸易数据,汇聚企业备案数据、申报处理数据、外贸交易数据、物流数据、金融数据、商品数据及企业社会信用数据等,实现数据的采集、存储及分析挖掘,为跨境电子商务提供信息共享、金融服务、智能物流、信用评价、统计监测、风险防控等方面服务。

(一) 跨境电子商务信息共享

跨境电子商务链条长,生态圈内企业类型多,又涉及关、检、汇、税等多个政府职能部门,各部门及企业一般都设计和建设了适用于自身业务的信息处理系统,因建设时期不同、业务模式不同、设计标准不同等原因,信息交互共享困难,存在"信息孤岛"和"流程孤岛"。

在跨境电子商务信息共享体系的建设中,采集了关、检、汇、税等职能部门数据,数据需求方包括管理部门、金融机构等,可以向平台管理员发出数据申请,平台管理员开通权限后,数据需求方可以使用授权数据进行数据建模,形成数据产品,对内实现信息资源的共享与整合,对外保证信息的透明及有效应用。

同时,系统会发布各种资讯信息,包括金融资讯、物流资讯、市场风险资讯、政策法规资讯等,平台使用者通过搜索就可以找到自己关注的资讯信息。

中国(杭州)跨境电子商务综合试验区通过自主搭建大数据平台和大数据实验室,依托政府部门、电商平台、外贸综合服务企业等授权的数据,实现跨区域、跨行业、跨部门信息的交换和共享,已收集到涉及贸易环节、企业诚信方面近 2 亿条数据,并实现了对数据的汇聚分析加工,形成了 8 大主题库和 300 多个有关信用风险统计的指标,为监管部门和市场服务主体提供信用评级、风险监测及预

警,还有融资担保等数据的分析应用及服务。

(二) 跨境电子商务金融服务

跨境电子商务金融服务主要包括跨境外汇支付结算、跨境人民币支付等基础服务,在线融资、在线保险等金融创新服务及相关的金融增值服务。中国(杭州)跨境电子商务综合试验区在推进跨境支付结算便利化的基础上,大力发展数字金融,鼓励金融机构、第三方支付机构、第三方电子商务平台、外贸综合服务企业之间规范开展合作,利用跨境电子商务信息可查寻、可追溯的特点,为具有真实交易背景的跨境电子商务交易提供在线支付结算、在线融资、在线保险等完备便捷、风险可控的"一站式"金融服务。

(三) 跨境电子商务智能物流

基于大数据平台,中国(杭州)跨境电子商务综合试验区和中国外运股份有限公司联合打造"物流桥"项目,为跨境电子商务企业提供全球范围内的 B2B 综合物流在线服务,目前能提供海运整柜、海运拼箱和出口报关等服务,涵盖了 82 家海运公司、200 家航空公司,可抵达全世界 4000 多个港口。以海运拼箱为例,企业只需输入起运地、目的地、毛重、体积等基本信息,平台就会为其匹配合适的物流服务,并根据客户提供的委托信息计算业务费用。

通过整合资源提供标准物流产品,"物流桥"项目以在线委托的方式减少人工对接的烦琐流程,提高时效,有效降低跨境电子商务企业的物流成本。未来,"物流桥"还将上线海外仓展示、境内仓配、快件产品等功能。

此外,中国(杭州)跨境电子商务综合试验区积极构建杭州空港枢纽,相继开通了杭州到西伯利亚、杭州到里加—莫斯科、杭州到比利时列日的全货运航线,鼓励企业参与中欧铁路专线运营,构建海陆空铁多式联运体系,积极鼓励市场创新,探索智能物流解决方案,积极布局海外仓,搭建海外物流配送网络,运行指定口岸,畅通水果进境通道。

(四) 跨境电子商务信用评价

众所周知,信用的缺失会增加交易成本,包括信息成本、决策成本、违约成本等,降低市场效率。大数据的应用在为跨境电子商务的营销决策、金融服务、趋势预测等带来颠覆性变革的同时,也给跨境电子商务信用评价体系建设带来了新的思路。

良好的信用评价体系需要多渠道、多层次的海量数据,中国(杭州)跨境电子商务综合试验区信用评价体系基于来自30多个职能部门及阿里巴巴、网易等平台的数据,再结合监管部门信用认证和第三方的信用服务评价,通过对企业资质、经营管理、历史信用记录、企业履约能力等维度分析建模,构建跨境电子商务企业的信用评价体系,为政府监管和市场创新提供决策依据,推动实施分级分类的监管和服务。

同时,信用体系以信用报告的形式全面记录企业信用活动,反映企业信用状况,报告内容涵盖企业基本信息、跨境电子商务信息、企业正面信息、企业负面信息和信用评分评级信息等。平台使用者可根据自身权限使用信用管理功能,包括信用报告查阅、信用状况订阅、负面信息清单查询、数据纠错等服务。信用评级还可应用于跨境电子商务企业银行融资便利、利率优惠及物流账期延长等方面。目前,中国(杭州)跨境电子商务综合试验区已完成对14000多家企业的信用评价,为诚信企业提供贸易便利化服务。

(五) 跨境电子商务统计监测

跨境电子商务统计监测的主要目的是通过对跨境电子商务交易构成的统计,描述当前跨境电子商务的发展状况,分析其特点与趋势,发现存在的问题,研究相关对策。不同时间、不同地区交易构成的对比,反映跨境电子商务纵向的变化轨迹和横向区间的发展水平差异。

中国(杭州)跨境电子商务综合试验区设立以来,在海关总署和国家统计局的指导和支持下,创新制定以杭州"先行先试"经验为基础的全国跨境电子商务统计试点工作实施方案。在前期市场主体全样本调查基础上,中国(杭州)跨境电子商务综合试验区线上综合服务平台上线统计监测功能,通过线上综合服务平台统计监测模块,探索建立交易主体信息、电子合同、电子订单等标准格式和跨境电子商务进出口商品的简化分类标准及跨境电子商务多方联动的统计制度,实现企业数据直报、交易平台数据对接、监管部门数据整合,为全国跨境电子商务统计体制机制建设提供经验。

(六) 跨境电子商务风险防控

跨境电子商务全流程需要采购供应、通关物流、电子支付、售后服务等环节的衔接配合,企业在经营中面临着市场、汇率、政策、竞争等多方面风险,政府相关职能部门也承担着监管职责与扶持重任。

2017年,中国(杭州)跨境电子商务综合试验区搭建大数据平台风险预警模块,围绕跨境电子商务企业和产业发展中存在的政策风险、信用风险、技术风险、管理风险、产品风险、法律风险等风险和诉求,探索建立风险信息采集、评估分析、预警处置、复查完善和诉讼保护等机制,以问题导向积极建立和完善跨境电子商务风险防控体系,推进跨境电子商务健康发展。

目前,中国(杭州)跨境电子商务综合试验区利用大数据技术,对大数据平台上政府部门、监管部门、金融机构等单位的海量数据,形成通关、行业、经营、市场及统计等5大类220项基础风险指标,进行数据采集、数据挖掘、数据建模、数据多维分析,建立风险数据库,并创建风险指标,定义预警规则,分析跨境电子商务的行业风险、市场风险等宏观风险,为电商企业更好地规避业务过程中的风险提供服务。

同时,中国(杭州)跨境电子商务综合试验区建立并运行跨境电子商务商品质量安全风险国家监测中心,与跨境电子商务平台开展质量共治合作,试点入仓监管。与第三方认证机构和龙头企业合作,在检验检测、质量认证、防伪溯源、培训教育、技术研发等方面完善全产业链服务,探索跨境电子商务领域的国际认证、预检、采信、追溯机制。

🔗 相关链接 3-1: 跨境电子商务商品质量安全风险国家监测中心

2015年6月,原国家质量监督检验检疫总局批复在中国(杭州)跨境电子商务综合试验区设立"跨境电子商务商品质量安全风险国家监测中心"。该中心将采集各类法规、标准及风险数据信息,分析、评估并上报跨境电子商务的生物安全、质量安全、假冒伪劣及产业发展情况;通过严密监控违法违规商品的流入和传出,为监管部门制定管理措施和执行监管提供依据;通过溯源采信机制,全程监控商品来源及流向,掌握商品质量安全信息,实现实时远程召回;通过监测进出口跨境贸易热点产品,分析消费规律,评估新技术、新产品带来的各种风险,为境内相关产业生产技术的升级提供参考信息;通过建立企业信用数据库,倒逼电商企业自律经营,营造良性竞争环境。

2016年10月26日,跨境电子商务商品质量安全风险国家监测中心在杭州正式上线。上线以来,该监测中心加强与各电商平台合作,先后与天猫国际、网易考拉、贝店、美图美妆、京东等平台签署质量共治合作备忘录,在制度创新、数据共享、协同处置、预检溯源和信息互通五个方面共治合作,形成常态化数据互通、保税备货预检、海外预检监装、风险处置、技术交流工作机制。通过与天猫、网易等平台合作,对婴幼儿乳粉的营养成分、添加成分、安全卫生等抽样监测,发布跨境电子商务商品质量安全平台报告和年度监测报告。与中国检验认证集团战略合作,探索跨境电子商务领域的互认、预检、采信、追溯等互联互通机制。

四、 跨境电子商务综合试验区全流程业务创新

原来的对外贸易监管服务制度体系适用于传统贸易集装箱式的大进大出，并不适应跨境电子商务发展。

如何去监管跨境电子商务新型贸易方式呢？如果把线上综合服务平台建设看成跨境电子商务监管服务体系的总纲，那么最终的落实则是在便利化通关、检验检疫、税收管理、外汇管理等一个个条目上，需要建立一套适应互联网和大数据发展的新型监管服务体系，推动跨境电子商务全流程业务创新。实践中，海关、检验检疫、外汇管理和国税等部门积极探索实践，支持中国（杭州）跨境电子商务综合试验区等全国跨境电子商务综合试验区开展监管创新，并立足跨境电子商务行业发展出台监管举措。

(一) 跨境电子商务便利化通关模式

跨境电子商务是一项新生事物，在便利化通关方面，海关监管也是摸索前行。

2015 年 10 月 21 日，海关总署印发了《中国（杭州）跨境电子商务综合试验区海关监管方案》。根据方案，主要有以下几项创新：①杭州海关对跨境电子商务实行"清单核放、集中纳税、代扣代缴"的通关新模式，实现跨境电子商务进出口 B2B、B2C 试点模式全覆盖，同时申报模式将更加简化。②对不涉及出口征税、出口退税、许可证件管理且金额在人民币 5000 元以内的电子商务零售出口货物，按 HS（Harmonized System，编码协调制度的简称）编码前 4 位申报；推进中国（杭州）跨境电子商务综合试验区跨境电子商务清单统计试点，即符合一定条件的出口货物，电商企业向海关提交货物清单办理通关手续后不再汇总生成出口货物报关单，放行结关后的货物清单数据可以作为海关贸易统计数据的原始资料。③海关为跨境电子商务量身设计了一套涵盖企业备案、申报、征税、查验、放行、转关等各个环节的通关无纸化流程；电商企业在进出口申报前，通过跨境电子商务通关服务平台向海关提交订单、支付、物流等电子信息，以及相关电子数据，无须递交纸质单证即可完成海关进出口申报；允许批量转关，简化转关手续，建立适合跨境电子商务零售进出口的批量转关模式，采用直接转关方式，品名以总运单形式输入"跨境电子商务商品一批"，并随附物品清单，出口货物舱单按照总运单进行管理和核销；服务企业，提供通关便利，为中国（杭州）跨境电子商务综合试验区企业提供"全年 365 天无休，24 小时内海关办结手续"的服务；

实行税款担保、集中纳税、代扣代缴,创新跨境电子商务 B2C 进口业务的税收征管模式,海关凭电商企业出具的保证金或银行保函按月集中征税,方便企业和个人便捷缴纳税款。消费者在跨境电子商务 B2C 模式的平台上购买的物品,如果按照总价需要缴税,消费者可以通过电商企业向海关缴纳税款,免去自己缴税的麻烦,电商企业按月集中纳税也比逐票纳税更便捷。

上述方式对跨境电子商务便利化通关模式进行了固化,虽然从 2016 年 4 月 8 日起,跨境电子商务零售进口税收政策实施,但为了平稳过渡,跨境电子商务零售进口监管政策仍保持了一定时期内的延续性。

2018 年 11 月 28 日,商务部等六部门印发了《关于完善跨境电子商务零售进口监管有关工作的通知》。一是明确跨境电商零售进口商品监管的总体原则。跨境电商零售进口不同于一般贸易,主要是满足境内居民品质化、多元化消费需求,必须是直接面对消费者且仅限于个人自用。基于这一前提,我们明确对跨境电商零售进口商品按个人自用进境物品监管,不执行首次进口许可批件、注册或备案要求。二是统筹考虑促进行业发展和保护消费者权益要求,明确各参与主体责任。《关于完善跨境电子商务零售进口监管有关工作的通知》按照"政府部门、跨境电商企业、跨境电商平台、境内服务商、消费者各负其责"的原则,对各方应承担的责任提出了具体明确的要求。例如,跨境电商企业承担商品质量安全主体责任,跨境电商平台须在境内办理工商登记、履行先行赔付责任,境内服务商受托承担如实申报责任,消费者承担纳税义务,政府部门需对跨境电商零售进口商品实施质量安全风险监测等。明确各方责任,一方面有助于强化事中事后监管,加强质量风险防控;另一方面,也便于各参与主体规范自身行为,确保政策可落地、可执行。三是进一步加大支持力度,扩大政策适用范围。《关于完善跨境电子商务零售进口监管有关工作的通知》在现行 15 个试点城市基础上,将政策适用范围扩大至北京等 22 个新一批跨境电商综试区城市,进一步完善区域布局,促进行业发展,也更好地满足居民消费需求。

(二) 跨境电子商务检验检疫监管模式

在跨境电子商务检验检疫监管方面,市场监管体系有待建立和完善,境内外产品标准体系不一致;产品质量安全主体责任难以落实,一旦发生消费纠纷或质量安全问题,消费者维权困难,特别是电商平台企业注册在境外,跨境维权更为艰难;跨境电子商务爆发式增长,使跨境电子商务成为外来"物种"进入中国的新"通道"。上述问题的出现,对跨境电子商务检验检疫提出了更高要求,同时,跨境电子商务的碎片化、小单化、多批次特征出现,也需要及时把控产品的质量安全,加快建立检验检疫前推后移的过程监管模式。

在实践中,原国家质量监督检验检疫总局对中国(杭州)跨境电子商务综合试验区检验检疫监管模式进行了统一固化并面向全国进行推广,即出境实施"前期备案、提前监管、后期跟踪、质量把控"监管,入境实施"提前申报备案、入区集中检疫、出区分批核销、质量安全追溯",并成为全国可复制推广的跨境电子商务检验检疫监管制度。在事前监管方面,对电商平台、电商企业和产品实行备案管理制度,对符合要求的电商经营主体在提交完整资料后实施备案管理,对备案的电商企业经营符合要求的产品进行备案,只有备案产品方可上线展示。

2015年3月16日,在原国家质量监督检验检疫总局印发的《中国(杭州)跨境电子商务综合试验区检验检疫申报与放行业务流程管理规程》中指出,将按照贸易便利、科学管理的原则做好跨境电子商务经营企业、物品的备案、申报和放行工作。在进口业务方面,中国(杭州)跨境电子商务综合试验区探索适合跨境电子商务形式的互认机制、采信机制、预检机制和追溯机制,并推广应用于中国(杭州)跨境电子商务综合试验区进口敏感产品的监管实践,解决了跨境电子商务生鲜类产品监管问题。

巴氏奶是采用低温巴氏杀菌工艺生产的鲜牛奶,可以最大程度保留鲜牛奶的营养成分和口感,缺点是保质期短,一般只有14天左右。以往采用一般贸易进口时,巴氏奶在经过3~4天"漂洋过海"之后,还需在境内口岸等待3~7天的检测,因此送达消费者手中时,几乎已是"临保"(临近保质最后期限)状态,鲜奶早已"不鲜"。为此,杭州出入境检验检疫局创新提出运用跨境电子商务"互认机制、采信机制、预检机制、追溯机制"四大机制,通过采信境外有资质的检测机构的检测结果,将巴氏奶的检测环节提前至境外装运前,并由我驻外的检验机构进行监装,确保全程冷链运输。牛奶入境后,即可通过电商平台销售,检验检疫部门同时再对其检测,验证境外检测结果。通过这种方式,巴氏奶到消费者手上时间比以前至少提早了1/3,确保了产品的新鲜度和安全卫生。

对于跨境电子商务商品来说,进境商品虽然是监管重点,但出境商品的质量安全监管也不可忽视,特别是在出口法检制度改革后,一般工业制成品的法定检验被全部取消,实现最大程度的贸易便利化,出口商品质量监管依然是检验检疫部门的职责所在。2015年10月,我国出口电动平衡车连续发生质量安全事故,引起外媒关注,继而在欧美等发达国家陆续引发我国出口平衡车被查扣、禁运、下架、召回等事件,产业发展受阻,出口企业受损。检验检疫机构立足职能,主动作为。在此之后一年多时间里,综合运用监测、调查、技术分析、对外磋商、部门联动等举措,拓展风险信息监测渠道,发挥技术执法优势,加强技术分析,快速反应,发布风险预警;利用现有检验监管模式和手段,将电动平衡车产品纳入2016年的目录外商品监督抽查计划,针对性实施抽查检验;推动中国机电产品进出口商会下设的"平衡车分会"成立,以行业协会的形式,共同应对国际贸易摩擦、建立团体标准、规范产品质量和国际市场竞争秩序等关系行业发展的突出问题,寻求解决途径,推动平衡车产业的健康发展;与美国、澳大利亚、加拿大等国政府部门就平衡车质量问题保持交流和沟通,尤其与美国消费品安全委员会(Consumer Product Safety Committee, CPSC)开展深入合作,共同解决平衡车质量安全问题。

之后,电动平衡车产业逐步恢复出口,呈现企稳向好趋势。通过对本案例的剖析,检验检疫部门摸索出一套针对法检目录外出口商品"事中、事后监管"的方法,即以风险管理为核心,以风险监测为起点,综合运用"监督抽查、技术服务、标准管理、对外交流"等手段,以国际先进标准倒逼产业升级,帮助行业建立标准至上的自律氛围,帮助生产企业树立"以质取胜"的主体意识,最终实现出口商品质量安全水平的整体提升。

在第十三届全国人大一次会议审议通过的国务院机构改革方案中,不再保留国家质量监督检验检疫总局,将国家质量监督检验检疫总局的出入境检验检疫职责和队伍整体划入海关总署。从2018年4月20日起,出入境检验检疫系统统一以海关名义对外开展工作,一线旅检、查验和窗口岗位均要统一上岗、统一着海关制服、统一佩戴关衔。也就是自4月20日起,企业在海关注册登记或备案后,将同时取得报关报检资质。这是按照《深化党和国家机构改革方案》的工作部署,出入境检验检疫管理职责和队伍划入海关总署管理职能,业务整合改革迈出的重要一步。

根据《海关总署关于企业报关报检资质合并有关事项的公告》,此次改革合并主要是将检验检疫自理报检企业备案与海关进出口货物收发货人备案合并为海关进出口货物收发货人备案,检验检疫代理报检企业备案与海关报关企业注册登记或者报关企业分支机构备案合并为海关报关企业注册登记和报关企业分支机构备案。检验检疫报检人员备案与海关报关人员备案同步合并为报关人员备案。"一次登记、一次备案"真正实现,以前分属关检两个单位办理的注册登记或备案手续成为历史。总之,随着海关原有管理职责和检验检疫管理职责的深度融合、有机融合,相关的改革举措只会使企业通关效率更高、通关成本更低、营商环境更好、监管更严密、服务更优化,达到"1+1>2"的效果。

(三) 跨境电子商务便利收付汇

跨境电子支付发生的外汇资金流动,必然涉及资金结售汇与收付汇。跨境电子商务交易过程中,境外买家一般使用美元付款,而卖家则需要将这些美元兑换成人民币才能在境内使用,这中间涉及结汇。部分跨境电子商务中小卖家以私人物品的名义邮递货物,无法按照一般贸易申报出口,但企业结汇时却需要提供出口核销单等凭证,因此跨境电子商务卖家很难进行正规结汇。《关于跨境电子商务零售出口税收政策的通知》指出,自 2014 年 1 月 1 日起,符合条件的跨境电子商务零售出口可正常收结汇,在跨境贸易电子商务试点中,杭州作为首批试点城市,在跨境小包出口方面进行了探索,但是仍有大量市场主体游离于正常的收结汇通道之外。

为了便利跨境电子商务市场主体收付汇,国家外汇管理局浙江省分局拓宽渠道,引入支付机构便利电商主体资金收付。通过引入第三方支付机构极大地便利了中国(杭州)跨境电子商务综合试验区内电商企业办理跨境收付汇与结售汇业务,先后批准支付宝、网易宝、连连银通等机构参与试点。

国家外汇管理局浙江省分局还推动个人贸易外汇改革,允许个体工商户开立贸易结算账户自主开展贸易项下外汇收付,允许个人(自然人)电商依托"线上综合服务平台"开立贸易结算账户,这项改革打通了个人和个体工商户跨境电子商务的国际结算通道,不再受年度 5 万美元的总额限制。积极推动金融机构和支付机构开展电子商务跨境人民币结算。

(四) 跨境电子商务税收管理

当前,我国跨境电子商务税收的相关法律法规仍不健全,监管措施仍有很多漏洞,建立适应跨境电子商务新型贸易方式的税收管理制度尤为重要。

传统贸易中从事商品销售或提供劳务的单位和个人,拥有固定经营场所且在税务机关有相对应的税务登记,而跨境电子商务改变了货物存在的固有方式,"数字化"货物的形式为税收的"属地原则"和"属人原则"带来了挑战,交易不再需要某个固定场所便能完成,税务机关和海关无法确认应纳税人信息时,就无法对其进行有效的税款征收和管理。

传统贸易中货物完税价格的确定主要依托合同、发票、报表和凭证等纸质资料,税务机关和海关通过审核这些资料的真实性、准确性和合理性进行有效的征管。在跨境电子商务中,交易双方的合同等资料文件一般通过电子化形式来保存,电子化的资金流、货物流、信息流成为货物完税价格的凭证,但在实际操作中,第三方支付平台和银行对客户信息的保密使得相关部门无法轻易获取所需信息,同时也难以监控企业或个人的资金流向,因此在很大程度上削弱了税务机关和海关的稽查监管能力。本章侧重介绍跨境电子商务出口无票免税、进口税收政策及"互联网+便捷退税"等相关内容。

1. 跨境电子商务零售出口无票免税

关于跨境电子商务零售出口税收政策,2014年初,财政部、国家税务总局发出《关于跨境电子商务零售出口税收政策的通知》,自2014年1月1日起,电子商务出口企业出口货物(财政部、国家税务总局明确不予出口退(免)税或免税的货物除外),同时符合下列条件的,适用增值税、消费税退(免)税政策:①电子商务出口企业属于增值税一般纳税人并已向主管税务机关办理出口退(免)税资格认定;②出口货物取得海关出口货物报关单(出口退税专用),且与海关出口货物报关单电子信息一致;③出口货物在退(免)税申报期截止之日内收汇;④电子商务出口企业属于外贸企业的,购进出口货物取得相应的增值税专用发票、消费税专用缴款书(分割单)或海关进口增值税、消费税专用缴款书,且上述凭证有关内容与出口货物报关单(出口退税专用)有关内容相匹配。

电子商务出口企业出口货物,不符合本通知第一条规定条件,但同时符合下列条件的,适用增值税、消费税免税政策:①电子商务出口企业已办理税务登记,②出口货物取得海关签发的出口货物报关单,③购进出口货物取得合法有效的进货凭证。

电子商务出口货物适用退(免)税、免税政策的,由电子商务出口企业按现行规定办理退(免)税、免税申报。适用本通知退(免)税、免税政策的电子商务出口企业,是指自建跨境电子商务销售平台的电子商务出口企业和利用第三方跨境电子商务平台开展电子商务出口的企业。为电子商务出口企业提供交易服务的跨境电子商务第三方平台,不适用本通知规定的退(免)税、免税政策,可按现行有关规定执行。

据了解,在跨境电子商务实践中,由于跨境电子商务企业通常向小型企业和个体经营户采购货物用于出口,有时在取得增值税专用发票和合法有效的进货凭证方面存在一定的难度。过去,企业购进货物用于出口,如无法取得合法有效的进货凭证,会被视同内销征税。经过财政部和国家税务总局批准,原杭州市国家税务局创新推出一定条件下的"无票免税"政策,即对纳入中国(杭州)跨境电子商务综合试验区"线上综合服务平台"监管的跨境电子商务零售出口货物,即便无法取得合法有效的进货凭证,出口企业只要登记相应的销售方名称、纳税人识别号、货物名称、数量、单价和总金额等进货信息,就可以在2016年年底前享受免征增值税的优惠。2018年2月26日,原浙江省国家税务局发布关于中国(杭州)跨境电子商务综合试验区出口企业采购成本税前扣除问题的公告,相关政策适用于2016年1月1日至2017年12月31日。财政部于2018年9月28日发布了《关于跨境电子商务综合试验区零售出口货物税收政策的通知》,其中指出,自 2018 年 10 月 1 日起,对综试区电子商务出口企业出口未取得有效进货凭证的货物,同时符合相关条件的,试行增值税、消费税免税政策。至此,中国(杭州)跨境电子商务综合试验区先行探索的"无票免税"政策由试点阶段向全国复制推广,并变成了普惠政策。

在实行"无票免税"的同时,国税部门着力完善"有票退税"模式。按现行规定,一般企业申报出口退税时,国税机关需要核实其增值税专用发票上列明的商品名称,但跨境电子商务企业出口货物类型众多,有时一批货物出口对应上百张进项发票,若仍按此模式申报退税,企业发票用量将非常大,工作量也很大。针对行业特殊性,原杭州市国家税务局及时与原浙江省国家税务局展开研讨论证,积极向国家税务总局反映跨境电子商务企业申报退税的困难,并得到财政部和国家税务总局认可简化"有票退税"模式。在中国(杭州)跨境电子商务综合试验区,国税机关允许试点企业在一定期间内用供货企业汇总开具的一张增值税专用发票后附销货清单申报退税,并用凭运单号在物流企业官网获得的出口货物流向记录,代替原先需要的相关备案单证,这一举措大大降低了跨境电子商务企业的人力、时间成本,加快了退税进程。

2. 跨境电子商务零售进口税收政策

(1) 实行新的税率、设立单笔和年度交易限额、正面清单

财政部、海关总署、国家税务总局于 2016 年 3 月 24 日发布的《关于跨境电子商务零售进口税收政策的通知》(财关税〔2016〕18 号)指出:自 2016 年 4 月 8 日起,跨境电子商务零售进口商品按照货物征收关税和进口环节增值税、消费税,购买跨境电子商务零售进口商品的个人作为纳税义务人,实际交易价格(包括货物零售价格、运费和保险费)作为完税价格,电子商务企业、电子商务交易平台企业或物流企业可作为代收代缴义务人。跨境电子商务零售进口税收政策适用于从其他国家或地区进口的、《跨境电子商务零售进口商品清单》范围内的以下商品:①所有通过与海关联网的电子商务交易平台交易,能够实现交易、支付、物流电子信息"三单"比对的跨境电子商务零售进口商品;②未通过与海关联网的电子商务交易平台交易,但快递、邮政企业能够统一提供交易、支付、物流等电子信息,并承诺承担相应法律责任进境的跨境电子商务零售进口商品。不属于跨境电子商务零售进口的个人物品,以及无法提供交易、支付、物流等电子信息的跨境电子商务零售进口商品,按现行规定执行。跨境电子商务零售进口商品的单次交易限值为人民币 2000 元,个人年度交易限值为人民币 20000 元。在限值以内进口的跨境电子商务零售进口商品,关税税率暂设为 0;进口环节增值税、消费税取消免征税额,暂按法定应纳税额的 70% 征收。超过单次限值、累加

后超过个人年度限值的单次交易,以及完税价格超过 2000 元限值的单个不可分割商品,均按照一般贸易方式全额征税。跨境电子商务零售进口商品自海关放行之日起 30 日内退货的,可申请退税,并相应调整个人年度交易总额。跨境电子商务零售进口商品购买人(订购人)的身份信息应进行认证;未进行认证的,购买人(订购人)身份信息应与付款人一致。

随后,财政部于 2016 年 4 月 7 日和 4 月 15 日先后公布了两批共 1293 个跨境电子商务零售进口商品清单,不过加了备注说明:直购商品免于验核通关单,网购保税商品"一线进区"时需按货物验核通关单,"二线"出区时免于验核通关单,同时对化妆品、婴幼儿配方奶粉、保健食品等商品提出了首次进口许可批件、注册或备案要求。

2018 年 11 月 21 日召开的国务院常务会议决定,一是从 2019 年 1 月 1 日起,延续实施跨境电商零售进口现行监管政策,对跨境电商零售进口商品不执行首次进口许可批件、注册或备案要求,而按个人自用进境物品监管。二是将政策适用范围从之前的杭州等 15 个城市,再扩大到北京、沈阳、南京、武汉、西安、厦门等 22 个新设跨境电子商务综合试验区的城市。非试点城市的直购进口业务可参照执行相关监管政策。三是在对跨境电商零售进口清单内商品实行限额内零关税、进口环节增值税和消费税按法定应纳税额 70% 征收基础上,进一步扩大享受优惠政策的商品范围,新增群众需求量大的 63 个税目商品。提高享受税收优惠政策的商品限额上限,将单次交易限值由目前的 2000 元提高至 5000 元,将年度交易限值由目前的每人每年 20000 元提高至 26000 万元,今后随居民收入提高相机调增。四是按照国际通行做法,支持跨境电商出口,研究完善相关出口退税等政策。五是按照包容审慎监管原则,依法加强跨境电商企业、平台和支付、物流服务商等的责任落实,强化商品质量安全监测和风险防控能力,维护公平竞争市场秩序,保障消费者权益。

(2)下调增值税税率

跨境电商零售进口税收政策中,增值税税率的调整与之密切相关。2017 年 4 月 19 日,由国务院总理李克强主持召开的国务院常务会议决定,从 2017 年 7 月 1 日起,国家将增值税税率由四档减至 17%、11% 和 6% 三档,取消 13% 这一档税率;将农产品、天然气等增值税税率从 13% 降至 11%。同时,对农产品深加工企业购入农产品维持原扣除力度不变,避免因进项抵扣减少而增加税负。

2018 年 4 月 4 日,《财政部、国家税务总局关于调整增值税税率的通知》(财税〔2018〕32 号)中规定:①纳税人发生增值税应税销售行为或者进口货物,原适用17％和11％税率的,税率分别调整为16％、10％。②纳税人购进农产品,原适用11％扣除率的,扣除率调整为10％。③纳税人购进用于生产销售或委托加工16％税率货物的农产品,按照12％的扣除率计算进项税额。④原适用17％税率且出口退税率为17％的出口货物,出口退税率调整至16％;原适用11％税率且出口退税率为11％的出口货物、跨境应税行为,出口退税率调整至10％。⑤外贸企业2018年7月31日前出口的第四条所涉货物、销售的第四条所涉跨境应税行为,购进时已按调整前税率征收增值税的,执行调整前的出口退税率;购进时已按调整后税率征收增值税的,执行调整后的出口退税率。生产企业2018年7月31日前出口的第四条所涉货物、销售的第四条所涉跨境应税行为,执行调整前的出口退税率。调整出口货物退税率的执行时间及出口货物的时间,以出口货物报关单上注明的出口日期为准,调整跨境应税行为退税率的执行时间及销售跨境应税行为的时间,以出口发票的开具日期为准。⑥本通知自2018年5月1日起执行。此前有关规定与本通知规定的增值税税率、扣除率、出口退税率不一致的,以本通知为准。

2019年3月20日,财政部、国家税务总局、海关总署2019年第39号公告《关于深化增值税改革有关政策的公告》中指出,增值税一般纳税人(以下称纳税人)发生增值税应税销售行为或者进口货物,原适用16％税率的,税率调整为13％;原适用10％税率的,税率调整为9％。

相关政策
链接3-4

(3)调整化妆品消费税政策

2016年9月30日,财政部、国家税务总局发布《关于调整化妆品消费税政策的通知》(财税〔2016〕103号),取消对普通美容、修饰类化妆品征收消费税,将"化妆品"税目名称更名为"高档化妆品"。征收范围包括高档美容、修饰类化妆品、高档护肤类化妆品和成套化妆品,税率调整为15％。新政策自2016年10月1日起执行。

《关于调整化妆品消费税政策的通知》界定了"高档化妆品"的范围为:高档美容、修饰类化妆品和高档护肤类化妆品是指生产(进口)环节销售(完税)价格(不含增值税)在10元/毫升(克)或15元/片(张)及以上的美容、修饰类化妆品和护肤类化妆品。其中,对"高档化妆品"的范围界定,我们日常使用的不少化妆品价格都达不到"高档"的标准[10元/毫升(克)或15元/片(张)及以上],这些普通化妆品以后都不征消费税。原政策对化妆品按照30％的税率征收消费税,新政策把普通化妆品消费税取消,只对"高档化妆品"征收,税率也直接减半。在跨境电子商务网购保税零售进口中,化妆品进口也占据着1/3的份额,此次新政,将有利于跨境电子商务零售进口发展。

（4）跨境零售进口税收测算

依据海关总署 2010 年公告规定，进境居民旅客个人自用进境物品，总值在 5000 元或税额在 50 元以下的，海关予以免税放行；对于超出部分的个人自用进境物品，按行邮税征税。行邮税是行李和邮递物品进口税的简称，是海关对入境旅客行李物品和个人邮递物品征收的进口税。由于其中包含了进口环节的增值税和消费税，故也为对个人非贸易性入境物品征收的进口关税和进口工商税收的总称。课税对象包括入境旅客、运输工具、服务人员携带的应税行李物品、个人邮递物品、馈赠物品及以其他方式入境的个人物品等。

2016 年"四八新政"前，跨境电子商务零售进口的物品统一征收行邮税，网购保税进口和直购进口均可享受税额在 50 元以下免税的行邮税政策；2016 年"四八新政"后，跨境电子商务网购保税进口要征收关税和进口环节增值税、消费税，不享受免税，而直购进口征收调整后的行邮税，依然享受一定限额的免税政策。对于个人自带的商品，新规执行与以前相同的政策，物品总值在 5000 元以内，不用交税，如果物品总值超过 5000 元，走海关申报通道纳税。

①网购保税进口交税方式

根据财政部 2016 年 3 月 24 日的通知，跨境电子商务网购保税进口商品的单次交易限值为人民币 2000 元，个人年度交易限值为人民币 20000 元。在限值以内的网购保税进口商品，关税税率暂设为 0；进口环节增值税、消费税取消免征税额，暂按法定应纳税额的 70% 征收。超过单次限值、累加后超过个人年度限值的单次交易，以及完税价格超过 2000 元限值的单个不可分割商品，均按照一般贸易方式全额征税。

2018 年 11 月 30 日，在财政部、海关总署、国家税务总局等三部委发布的《关于完善跨境电子商务零售进口税收政策的通知》（财关税〔2018〕49 号）中指出[①]，第一，将跨境电子商务零售进口商品的单次交易限值由人民币 2000 元提高至 5000 元，年度交易限值由人民币 20000 元提高至 26000 元；第二，完税价格超过 5000 元单次交易限值，但低于 26000 元年度交易限值，且订单下仅一件商品时，

---

① 关于跨境电子商务税收的计税公式如下：

应征关税＝完税价格（即指货物交易总费用，包括运费等）×关税税率（单次没超过 5000 元的商品，关税为零）；

法定计征的消费税＝（完税价格＋关税税额/(1－消费税税率))×消费税税率；

法定计征的增值税＝（完税价格＋关税税额＋正常计征的消费税税额）×增值税税率；

综合税＝（消费税＋增值税）×70%。

可以自跨境电商零售渠道进口,按照货物税率全额征收关税和进口环节增值税、消费税,交易额计入年度交易总额,但年度交易总额超过年度交易限值的,应按一般贸易管理;第三,已经购买的电商进口商品属于消费者个人使用的最终商品,不得进入境内市场再次销售,原则上不允许网购保税进口商品在海关特殊监管区域外开展"网购保税+线下自提"模式;第四,其他事项请继续按照《关于完善跨境电子商务零售进口税收政策的通知》有关规定执行;第五,为适应跨境电商发展,财政部会同有关部门对《跨境电子商务零售进口商品清单》进行了调整,将另行公布。本通知自2019年1月1日起执行。

对《关于完善跨境电子商务零售进口税收政策的通知》,可以从以下三个层面进行理解。

单次交易限值由2000元提高到5000元,年度限值由20000元提高到26000元。很多高价值产品,如轻奢类、电子产品类、美容仪器类等商品的机会来了。一次网购保税进口的东西不能超过5000元,超过就不能享受零关税。如果一年内买的海淘商品超过26000元,需要全额交税。

在限值以内的网购保税进口商品,关税税率暂设为0。这不是免税,除了关税,货物都还要交增值税,烟酒、化妆品、小轿车、高档手表等还要加征消费税。

进口环节增值税、消费税取消免征税额。过去在境内买的所有东西都要交增值税,它已经包含在价格里。跨境电子商务零售进口税收政策把这个口子给堵上了。暂按法定应纳税额的70%征收,就是打了七折。

②直购进口交税方式

2016年3月24日,国务院关税税则委员会发布公告,我国同步调整行邮税政策,将目前的四档税目(对应税率分别为10%、20%、30%、50%)调整为三档,税目1、2、3的税率分别为15%、30%、60%。

国务院关税税则委员会决定对进境物品进口税税目税率进行调整。2018年10月25日,海关总署发布2018年第140号公告,明确自2018年11月1日起,将对进境物品进口执行新行邮税率。2018年第140号公告《中华人民共和国进境物品归类表》对2016年第25号公告《中华人民共和国进境物品归类表》进行了梳理比较,此次税率调整,总体是将进境物品进口税率由15%、30%和60%三档调整为15%、25%和50%;物品税整体降低,其中烟、酒、玉石、高档手表和高档化妆品的税率降幅达到10%,而化妆品的税率则由60%最近降至25%,降幅高达35%。

相关政策
链接3-5

2019年4月8日,《国务院关税税则委员会关于调整进境物品

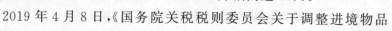

进口税有关问题的通知》（税委会〔2019〕17号）公布，将进境物品进口税税目1、2的税率分别调降为13％、20％；将税目1"药品"注释修改为"对国家规定减按3％征收进口环节增值税的进口药品，按照货物税率征税"；上述调整自2019年4月9日起实施。

《国务院关税税则委员会关于调整进境物品进口税有关问题的通知》共包含以下三方面的内容。

税目1"书报、刊物、教育用影视资料；计算机、视频摄录一体机、数字照相机等信息技术产品；食品、饮料；金银；家具；玩具，游戏品、节日或其他娱乐用品；药品"按照13％进境物品进口税税率征税。

税目2"运动用品（不含高尔夫球及球具）、钓鱼用品；纺织品及其制成品；电视摄像机及其他电器用具；自行车；税目1、3中未包含的其他商品"按照20％的进境物品进口税税率征税。

税目3"烟、酒；贵重首饰及珠宝玉石；高尔夫球及球具；高档手表；高档化妆品"按照50％的进境物品进口税税率征税不变。

从2019年4月9日起，个人携带进境的行李和邮递物品征收的"行邮税"税率将调降，其中对食品、药品等商品，税率由15％降至13％；纺织品、电器等由25％降为20％。这意味着消费者海淘更便宜了。降税满足了境内消费者消费升级的需要，随着"行邮税"的下降，特别是食品、纺织品等日常消费品的降幅较大，将刺激这类商品在境内市场的需求及数量增多，对采用直购模式的进口跨境电商平台及卖家有着重大的利好。

3. "互联网＋便捷退税"

2017年5月，中国（杭州）跨境电子商务综合试验区线上综合服务平台上线新功能：通过和杭州国税互联网退税系统打通，只要是中国（杭州）跨境电子商务综合试验区线上综合服务平台注册备案的企业，免插卡就可以在网上实现退税操作，省力又省时。

"互联网＋便捷退税"由"互联网＋便捷退税云服务平台"和"互联网＋便捷退税税务端"组成，打通税务机关各系统及与海关电子口岸之间的数据下载通道，出口企业通过登录"互联网＋便捷退税"系统网页即可实现出口退税全程网络化管理、一站式办结，"一次不用跑"，"足不出户"便可便捷办理各类退税事项。

与原出口退税申报系统相比，"互联网＋便捷退税"系统体现了一系列的便捷性和创新性。一是申报录入智能化。企业通过"互联网＋便捷退税"网页申报出口退税时，海关报关单、发票等数据不再需要人工录入和匹配，计算机系统自动采集、智能配单，快速生成相关申报数据，极大地简化了企业的操作手续。二是单证档案影像化。对于税务机关在审核审批、疑点核查等过程中要求提交的档案资料,企业可通过拍照、录像等方式形成电子影像档案,使用税控盘签名后传输至互联网＋便捷退税信息系统,让企业真正实现出口退税办理"一次也不用跑"。三是服务方式即时化。通过浏览器、微信公众号等多种形式,为企业随时提供办税提醒、申报服务、进度查询、涉税通知、政策辅导等信息服务,使出口退税服务无"时"不在,无"处"不在。

　　除了海关、税收管理、外汇管理等领域,跨境电子商务监管模式的创新还涉及商务部、市场监督管理局等部门,不会一蹴而就,也不会一劳永逸,离不开国务院和有关部委的大力支持,也离不开跨境电子商务综合改革试点地区先行先试提供的宝贵经验。

第四章 跨境电子商务综合试验区商业模式创新

在跨境电子商务发展进程中,政府的顶层设计和监管创新,目的是创造良好的营商环境,真正对行业发展起引领作用的是跨境电子商务市场主体。本章深入分析跨境电子商务各类商业模式,并通过不同模式间的优劣对比,为跨境电子商务创业者更好地创新业务模式提供一些建议。

一、 跨境电子商务零售模式

跨境电子商务零售的前身是作为个体购物行为的海淘,海淘生出朋友间的代购,朋友间的代购又发展至第三方代购,做到一定规模后,专业化海淘公司应运而生。全球互联网线上购物的兴起,迅速拆除了跨境电子商务的起步门槛,专业化的海淘公司或被由风投巨资撑腰的互联网公司并购,或主动投怀送抱,完成了由海淘公司向跨境电子商务零售企业的转身,还有一些生产商主动加入跨境电子商务零售大军,直接面向消费者在线售卖产品。

经历了"大吃小"式的横向和纵向竞争,中国本土跨境电子商务化蛹成蝶,率先在全球集聚起崭新的在线服务新业态,孕育出新的跨境购物新模式。庞大的网民基数,越来越鼓的个人腰包,加上数代互联网达人的创业创新激情和智慧,推动了跨境电子商务发展。

(一) 跨境电子商务 C2C/B2C/M2C 进口模式

随着普通消费者对跨境电子商务认识的逐渐普及和深入,近几年,跨境电子商务零售进口的市场渗透率和市场规模迅速上升和扩大。这其中,境外商品质优价廉是吸引年轻消费群体的主要原因。消费者最热衷购买的是护肤美妆、婴幼儿食品、服饰、保健品、电子产品五大类消费品,跨境电子商务的消费者年龄结构则明显呈现出年轻化趋势,35 岁及以下人群在全部消费者中所占比重超过80%。同时,跨境供应链管理也是影响跨境电子商务发展的关键因素,包括境外供应商管理和跨境物流执行。境外供应商管理面临的主要问题是招商难,部分地区性品牌本身产能有限,没有进入中国市场的打算,对部分国际性品牌而言,开辟跨境电子商务零售渠道很可能会与其现有的国际代理、渠道布局发生冲突。影响跨境物流执行的问题主要是货物流转速度和清关优化能力，依靠转运公司来完成跨境物流容易造成供应链"三流合一"的断裂，通关速度和关税预期管理能力不足将会直接让消费者体验打折扣。

关于跨境电子商务零售进口，目前主要有以下几种运营模式。

1. 跨境电子商务 C2C 进口模式

（1）概述

C2C 模式即消费者对消费者模式，也就是境外代购模式，是继海淘之后第二个被消费者熟知的跨境网购方式，身在境外的人为有需求的中国消费者在当地采购所需商品并通过跨国物流将商品送达消费者手中，包括微信朋友圈代购和专业性境外代购平台。

最早发端于微信朋友圈的代购，它是依靠熟人/半熟人社交关系从移动社交平台自然生长出来的原始商业形态。虽然社交关系对交易的安全性和商品的真实性起到一定的背书作用，但消费者受骗的例子也不在少数，始终处于灰色地带。

专业性的境外代购平台会尽可能多地吸引符合要求的第三方卖家入驻，但不会深度涉入采购、销售及跨境物流环节。入驻平台的卖家一般都是有境外采购能力或者跨境贸易能力的小商家或个人，他们会定期或根据消费者订单集中采购特定商品，在收到消费者订单后再通过转运或直购进口模式将商品发往境内。境外代购平台走的是典型的跨境电子商务 C2C 平台路线。代购平台通过向入驻卖家收取入场费、交易费、增值服务费等获取利润。代购平台为消费者提供了较为丰富的境外产品品类选项，用户流量较大，但劣势也很明显，消费者对于入驻商户的真实资质报以怀疑的态度，交易信用环节可能是跨境电子商务 C2C 境外代购平台目前最需要解决的问题之一，同时对跨境供应链的涉入较浅，或难以建立充分的竞争优势。

（2）代表平台

跨境电子商务 C2C 进口模式代表平台有淘宝全球购和洋码头。

全球购是淘宝网奢侈品牌的时尚中心，全球购帮助淘宝会员实现"足不出户，淘遍全球"的目标，此平台于 2007 年建立。全球购期望通过严格审核每一位卖家，精挑细选每一件商品，为淘宝网的高端用户提供服务。

还有一种 C2C 模式是以洋码头为代表的"扫货直播"模式。原早期易趣运营骨干曾碧波在海外留学并工作一段时间后，于 2009 年底回国创立洋码头。洋码头是中国海外购平台，拥有近 4000 万用户，2013 年 12 月正式上线至今，"洋码头"移动端APP"扫货直播"频道已拥有超过数万名境外认证买手,他们现场实时直播全球线下卖场、奥特莱斯、百货公司等扫货现场实况,体验同步折扣。洋码头跨过中间环节,降低了中国市场的进入门槛,让消费者体验真实的境外现场血拼,它是一种同步的境外购物C2C模式,买手实时发布商品和直播信息,消费者如有兴趣可直接付定金购买。由于"扫货直播"频道做的是境外特卖现场直播,所以特卖时间与境外基本同步。限时模式除了制造稀缺感外,在一定程度上也将用户带入了现场体验。

2. 跨境电子商务B2C进口模式

(1) 第三方B2C综合平台模式

在这一模式下,跨境电子商务平台将接收到的消费者订单信息发给批发商或厂商,后者则按照订单信息以零售的形式对消费者发送货物。由于供货商是品牌商、批发商或厂商,这种模式的部分利润来自商品零售价和批发价之间的差额。

①优势

这种第三方B2C模式对跨境电子商务供应链的涉入较深,后续发展潜力较大。在寻找供货商时一般与可靠的境外供应商直接谈判签订跨境零售供货协议;为了解决跨境物流环节的问题,这类跨境电子商务平台会选择自建国际物流系统(如洋码头)或者和特定国家(地区)的邮政、物流系统达成战略合作关系(如天猫国际)。

②劣势

这种模式招商缓慢,前期流量相对不足;前期所需资金体量较大;对于模式既定的综合平台来说,难以规避手续造假的"假洋品牌"入驻。

③代表平台

这一模式的代表平台有天猫国际、洋码头和京东全球购等。

天猫国际为西方品牌提供了进入中国市场的跳板。阿里巴巴在中国的领先地位和声誉让天猫国际成为中国买家信任的平台,它连接了中国二三线城市和偏远地区的消费者。截至2017年年底,平台共引进全球68个国家和地区近4000个进口品类16400个境外品牌,其中,八成以上的品牌为第一次进入中国市场。除了母婴、保健品、美妆、数码家电等进口标品品类之外,服饰、家居、饰品等更多非标品类招商剧增,进口品类持续丰富。天猫积极拓展"全球买、卖全球"双向跨境模式,通过天猫出海帮助超过1000家老字号和国货大牌进入全球市场,依托境外销售通路,帮助故宫文创、杭州天堂伞、山东章丘铁锅、安徽御宝阁文房四宝等中国老字号和传统工艺开拓全球市场。

洋码头除了买手制 C2C 模式外,旗下的"聚洋货"频道引入经过严格认证的境外零售商直接对接境内消费者,精选全球品牌特卖,品类涵盖服装鞋包、美妆护肤、母婴保健、食品居家等。跨境电子商务进口 B2C 的供应链体系,大幅度降低了境外众多零售商、品牌商的进入门槛,让境内消费者可以收获境外精品。洋码头还自建国际物流服务平台贝海国际速递,2010 年 5 月至今,陆续开通美国洛杉矶、旧金山、纽约、德国法兰克福、英国伦敦、法国巴黎、澳大利亚墨尔本等多个国际快件分拨中心,并提供电商仓储代配货服务,以其低成本的国际订单配送服务,快速、合法地帮助境外零售商和境内消费者完成交易和购物,保证了境外直购进口 7 天到货,让境内消费者体验境外直购进口一站式购物,同步全球品质生活。

京东全球购通过境外公司入驻,产品境外发货或者保税区发货的方式运营。背靠 B2C 巨头京东商城,京东全球购发展顺风顺水,已经与美国易贝(eBay)、韩国乐天集团(Lotte)、日本乐天株式会社(Rakuten)、美国沃尔玛集团(Walmart)等顶级零售商建立战略合作关系。京东全球购业务已涉及 70 多个国家和地区的近千万优质商品,也是境内首个在全链条采用区块链技术溯源的跨境电子商务平台。2018 年 5 月 11 日起,唯品国际与京东全球购瞄准跨境电子商务市场,在供应链和海外仓方面展开合作。唯品会将为京东全球购提供海外仓储物流服务,开放 12 个海外仓资源,其中 8 个为自营仓。仓储物流体系全面打通后,双方将共享包括采购、营销、物流、服务在内的全供应链体系,以达成获取最低成本、提升品牌影响力和优化用户体验等目标。

(2)自营 B2C 进口模式

在跨境电子商务自营 B2C 进口模式下,大多数商品都需要平台自己备货,自营 B2C 模式分为综合型自营和垂直型自营两类。

①综合型自营跨境电子商务 B2C 进口平台

a. 优势

品类较全是其特点,它们所出售的商品以网购保税进口或者直购进口的方式入境。优势是跨境电子商务供应链特别是供应商管理能力比较强,同时拥有较为完善的跨境物流解决方案,而且后备资金充裕。

b. 劣势

业务发展容易受到行业政策变动影响。

c. 代表平台

代表平台有网易考拉海购和丰趣海淘。

网易考拉海购自成立之初就坚持自营为主的运作模式,在境外众多尖货直供地设立分公司和办事处,直接与境外品牌商和大型商超合作,直采境外优质洋货带给境内用户。由网易负责进口商品的境外直采、运输、仓储和物流,实现以境外批发价批量直采带来成本优势,通过将商品提前采购并存储在境内的保税区内,可以将跨境网购物流时效从 10～15 天缩短至 1～2 天。同时,网易考拉海购还是首个推出电商行业最严格的正品保障"军令状"的平台,通过全品类采购代表宣言、十二道正品保障等一系列承诺与措施,承诺为行业和消费者提供跨境电子商务进口正品体验。

2015 年 1 月 9 日,顺丰主导的跨境电子商务 B2C 进口平台"顺丰海淘"正式上线,提供的产品涉及美国、德国、荷兰、澳大利亚、新西兰、日本、韩国等海淘热门国家。上线的商品锁定在母婴、食品、生活用品等品类,货物可在 5 个工作日左右送达。2015 年 10 月,顺丰海淘启用新品牌"丰趣海淘",丰趣海淘定位为中国品质生活跨境购物第一站,打通网购保税和直购进口,重现日、韩、欧、美境外零售场景,将国际高质量居家生活形态推荐给中国消费者。继 2017 年 11 月丰趣海淘上线户外无人零售店"Wow!"之后,2018 年 3 月 31 日,丰趣海淘上线首家"Wow! Beauty"(哇噢!智能美妆店),通过线下美妆智能实体店＋线上小程序跨境商城的线上线下互通的方式,打造了跨境电子商务新零售。

②垂直型自营跨境电子商务 B2C 进口平台

垂直是指平台在选择自营品类时会集中于某个特定的范畴,如食品、奢侈品、化妆品、服饰等。

a. 优势

优势是供应商管理能力可以做到相对较强。

b. 劣势

劣势是前期需要较大的资金支持。

c. 代表平台

代表平台有贝店等。

贝店以品牌正品、独家折扣、限时抢购为特色,专注于妈妈群体的服务,致力于整合境内外最优质的孕婴童品牌供应商,打造妈妈宝贝专属的一站式购物平台。贝店看重"妈妈经济",即每个妈妈背后都是一个家庭,"妈妈经济"将满足妈妈们给孩子买东西、给自己买东西、给家里买东西的三大购物需求。围绕妈妈人群购买力进行业务拓展,未来贝店将致力于打造下一个以"妈妈经济"为核心的家庭购物消费入口。同时,贝店非常重视产品的正品品质,这源于对妈妈群体的负责。为了让妈妈们在贝店上的购物过程放心舒心,2015 年以来,贝店与原国家质量监督检验检疫总局合作,建立贝贝质检实验室;2017 年 5 月 24 日与跨境电子商务商品质量安全风险国家监测中心签署了跨境电子商务产品质量共治合作备忘录,对产品进行层层筛检,谋求产品层面的信任与保障。在物流及服务等软实力上,贝店与顺丰、申通、天天等物流企业签署了战略合作协议,强化物流合作。从2014年成立至今,贝店用户已超过8000万,凭借市场覆盖率70%的压倒性优势位列母婴电商行业第一位,先后获得IDG资本、高榕资本、今日资本、新天域资本、北极光创投等数亿美元的风险投资。

3. 跨境电子商务M2C进口模式

(1)概述

M2C即manufacturer to consumer,是生产厂家直接对消费者提供自己生产的产品或服务的一种商业模式,其特点是流通环节减少至一对一,销售成本降低,从而保障了产品品质和售后服务的质量。M2C进口模式即境外的生产厂家对境内的消费者模式。由于减少了中间销售的环节,厂商研发的最新技术能够快速地呈现给消费者,使用户更方便快捷地感受到创新的魅力,同时,用户通过售后渠道将自己的使用体验反馈给厂商,也有利于厂商根据市场的需求来研发新的产品,在厂商与用户之间形成良性互动。在跨境电子商务零售进口运营实践中,如天猫国际、洋码头、京东全球购等综合性跨境电子商务B2C平台,除了吸引境外经销商入驻平台,还对境外制造商开放,抢占跨境商品供应链源头。

(2)代表平台

代表平台有网易考拉·全球工厂店。

网易考拉·全球工厂店在2017年9月首次上线,截至2017年12月,已覆盖了服装、母婴、家居、个护、运动、食品等六个大的品类,近百款商品。全球工厂店产品的来源除中国外,还有澳大利亚、韩国、意大利、新西兰、日本、法国等多个国家和地区。据网易考拉海购网站对全球工厂店的介绍,其最大特色是"精选全球行业TOP制造商直供",去除中间溢价,强调低调、有品质。区别于网易严选的M2C模式,全球工厂店支持平台中的工厂建立自己的品牌,工厂拥有定价权及品牌的控制权。另外,相对于网易严选主要针对境内市场,网易考拉全球工厂店有个更大的野心——"卖全球"。全球开店相关负责人透露,得益于网易考拉海购在全球供应链端的优势,未来,全球工厂店平台的商品还将实现面向全球的出口。

跨境电子商务零售进口模式多样,从早期的C2C模式,到后来的B2C模式和M2C模式,每个商业模式都有自己的优势和劣势,很难说某一种商业模式就有绝对的优势,能够完全占领跨境电子商务市场。就跨境电子商务零售进口而言,其模式不断进化,市场在逐步走向规范,未来,移动端在中国进口跨境电子商务用户设备选择中占比或将进一步扩大,平台间竞争加剧,中国跨境电子商务政策红利逐步消失,未来相关部门在税收、清关、支付等方面将进一步走向规范化;中国进口跨境电子商务平台需提升用户体验,创新盈利模式,增强政策适应能力及自身抗风险能力;消费者对于正品保障要求强烈,严格采购流程,确保货源正宗,采用多种形式降低消费者正品疑虑,对于提升消费者满意度具有重要作用;随着跨境电子商务消费者的年龄不断下探,23~26岁年龄层成为主力,而18~22岁这部分步入大学校园的消费者增幅最为明显,跨境电子商务进口消费者构成更加年轻化。

(二) 跨境电子商务 B2C/C2C/M2C 出口模式

跨境电子商务 B2C/C2C/M2C 出口模式,也就是直接将中国产品卖给境外的最终消费者。这种模式单笔订单金额小,但是订单数量多,主要通过跨境电子商务平台实现。整个业务流程涉及多语言产品描述、跨境支付、跨境物流、售后客服、平台运营等,业务流程很长,但是核心是产品＋运营。

如同跨境电子商务零售进口的商业模式,跨境电子商务零售出口的商业模式也是逐步进化的过程,如最初在全球速卖通上开店的个人卖家将商品销售给境外买家,随着跨境电子商务的发展,跨境电子商务零售出口平台开始将卖家的门槛由 C 端提升到了 B 端,同时,境内的一些工厂也自建跨境电子商务平台,将产品销往境外消费者。这里主要分析一下从事跨境电子商务 B2C 出口的几种商业模式。

1. 综合型跨境电子商务 B2C 出口平台模式

目前,全球和中国范围内比较常见的综合型跨境电子商务 B2C 出口平台主要有亚马逊全球开店、eBay、全球速卖通等,这类综合性跨境电子商务零售出口平台需要的资金投入巨大,在发展初期往往由互联网公司创立,需要风险投资的输血,在最初阶段面向所在国(地区)的境内电商,一步步拓展全球电子商务市场。

(1) 亚马逊全球开店

亚马逊(Amazon)公司是一家世界 500 强公司,总部位于美国华盛顿州的西雅图。它创立于 1995 年,目前已成为全球商品品种最多的网上零售商和全球第三大互联网公司。亚马逊于 2004 年进入中国,2012 年,亚马逊在中国推出全球开店业务,旨在帮助中国企业发展出口业务、走向世界、打造全球品牌,希望充分运用亚马逊全球资源,帮助中国企业轻松拓展并高效运营全球业务。目前,包括亚马逊美国、加拿大、墨西哥、英国、德国、法国、意大利、西班牙、日本、澳大利亚在内的 10 大境外站点已向中国卖家全面开放。2016 年 5 月 13 日,中国(杭州)跨境电子商务综合试验区与亚马逊签署合作备忘录,双方共同发展跨境电子商务人才,推进杭州本地及周边优秀制造企业、品牌商、创业公司及中小企业通过跨境电子商务转型升级,借助亚马逊全球开店拓展市场,帮助中国制造打造全球品牌。2016 年 9 月 27 日,亚马逊全球开店"制造+"项目上线,为中国制造企业提供全方位服务和优质专属资源,帮助其通过亚马逊全球开店拓展海外业务、探索全新经营渠道、打造全球品牌。2017 年 10 月 26 日,亚马逊全球开店杭州跨境电子商务园正式宣布开园,将邀请优质出口服务商共同入驻,提供翻译、物流、报关、税务及代运营等全方位服务,杭州及周边地区跨境电子商务卖家与制造商由此可享受到家门口一站式服务。

(2)易贝

易贝(eBay)是全球电子商务先锋,旗下拥有 eBay 在线交易市场、StubHub(全球票务平台)和 eBay Classifieds(分类广告)平台。eBay 连接全球数以亿计的买家与卖家,通过互联网和电子商务为他们创造更多的机会。eBay 于 1995 年创立于加州硅谷,是全球最大、最具活力的交易平台之一,为用户提供物美价优的精选商品。2017 年,eBay 全年的商业交易量达到 880 亿美元。在中国,eBay 致力于推动跨境电子商务零售出口产业的发展,为中国卖家开辟直接面向境外的销售渠道。为了帮助中国卖家在 eBay 上顺利开拓全球贸易,eBay 成立了专业的跨境交易服务团队,提供跨境交易认证、外贸专场培训及在线培训、外贸论坛热线、业务咨询等一系列服务;同时还积极与第三方供应商合作,出台跨境电子商务物流、融资、保险等解决方案,解决跨境电子商务卖家的后顾之忧。2018 年 4 月 13 日,eBay 与中国(杭州)跨境电子商务综合试验区战略合作协议签约仪式在杭州举行。根据协议,双方今后将在共同打造跨境电子商务人才培养体系、建设跨境电子商务智能物流中心、发掘区域优势产业带、助力更多浙江企业和浙江品牌通过 eBay 平台走向国际市场等领域开展全方位合作。

(3)全球速卖通

全球速卖通(AliExpress)于 2010 年成立,是阿里巴巴帮助中小企业接触终端批发零售商,小批量多批次快速销售,拓展利润空间而全力打造的融合订单、支付、物流于一体的外贸在线交易平台。全球速卖通主要以俄罗斯市场为主,成立之初,个体商户可以入驻经营。2016 年,全球速卖通开始进行升级优化,与天猫联动,向超过 2000 家已经具备走向境外市场条件的天猫商家发出入驻定向邀约,全面提升速卖通平台品牌化、标准化的水平。从 2016 年 4 月初开始,全球速卖通平台要求所有商家必须以企业身份入驻,不再允许个体商家入驻;4 月 12

日起,速卖通全面实施产品商标化。2016 年 8 月 15 日,速卖通完成了由 C2C 平台向 B2C 平台的转型升级,所有在平台上经营的卖家均具备企业身份。经过 8 年的快速发展,全球速卖通的境外买家数已突破 1 亿,装机数量超过 3 亿,遍布全球 220 多个国家和地区,覆盖"一带一路"沿线所有国家和地区,成为中国品牌出海的首选平台。

2. 垂直型跨境电子商务 B2C 出口平台模式

(1) 概述

垂直型跨境电子商务 B2C 出口平台,专注于某一领域,如服饰、电子产品、五金等。早期以 DX(DealeXtreme)、米兰网(Milanoo)、兰亭集势(LightInTheBox)等为代表,近两年,成长于杭州的嘉云公司 Club Factory 逐渐成为后起之秀。

(2) 代表平台

代表平台有 Club Factory。

2018 年 2 月,跨境电子商务零售出口平台 Club Factory 完成 C 轮 1 亿美元融资。Club Factory 曾在 2017 年 1 月完成 B 轮近 2000 万美元融资,曾推出跨境电子商务数据服务商爆款易,拥有数十万出口企业用户,2016 年上线 B2C 电商,把境内非标、中低端商品销往境外。Club Factory 主要市场是东南亚、中东等发展中国家和地区。欧美电商市场已经很成熟,而东南亚、中东等地电商渗透率、基础设施正逐渐完善,有较大市场潜力。总体来看,Club Factory 走的是较轻的平台模式,上游对接中小型厂家、批发商,平台统一提供定价、人货匹配、客服、境外物流等服务。平台不提前备货,用户下单后,境内供应商发货到仓,平台负责质检并打包发送至境外,当地采用第三方物流。

目前 Club Factory 在上游已整合了数十万个供应商,数千万个 SKU;下游则覆盖 26 个国家和地区。印度是 Club Factory 最大的市场,他们也是印度最大的出海电商。平台上的商品单价为 4～5 美元,整个平台月 GMV(gross merchandise volume,网站成交金额)为数亿元(印度的 GMV 超过一半),MAU(monthly active users,月活跃用户人数)为 2000 万。

Club Factory 自主研发了供应链管理系统,以及基于人工智能的人货匹配算法。在选品时,Club Factory 通过爬虫大数据抓取境外用户爱买的商品,然后在海量 SKU 中寻找分析用户最有可能喜欢的商品。通过供应商的资质、产能、过往历史筛选供应商。而在人货匹配方面,综合用户偏好进行多维度推荐,做到千人千面,用精准的信息匹配提高转化率。大数据＋AI 驱动的商业模式背后,是一支技术驱动的团队。Club Factory 的核心技术团队来自 Facebook、阿里巴巴、网易,具有斯坦福、卡内基梅隆、浙大等院校的计算机专业背景。

3. 跨境电子商务 B2C 出口大卖家模式

在外贸和制造业发达的珠三角和长三角地区，一批外贸卖家最早感受到传统外贸的增速放缓，转型做线上零售，这些地区也成为出口跨境电子商务大卖家集聚地，主要集中在 3C 电子产品、服装服饰、户外用品、健康与美容、珠宝首饰、家居园艺、鞋帽箱包、母婴玩具、汽车配件、灯光照明、安全监控等领域。以纵腾、环球易购、通拓、有棵树、赛维等大卖家为代表，他们在现有的亚马逊、eBay、Wish 等平台上销售，通过短短几年时间，成长为年跨境 B2C 销售额数亿美元的大卖家。他们大多是单纯的卖家，并不涉及生产。

当然，对于跨境电子商务零售出口来说，跨境物流也是决定跨境电子商务平台发展的关键要素。有些平台选择自建物流和海外仓，如亚马逊平台，就有 MFN 自发货[①]和 FBA 仓储物流[②]两种方式。亚马逊平台通过倾斜流量的方法，让更多的卖家选择 FBA 服务，不过服务 FBA 选择前还是要保证产品销量，不然滞销成本就比较高了，退回中国也很麻烦；MFN 最方便的就是用来做新产品测试，价格成本也更低，如果是其他平台如 eBay、Wish、速卖通等，使用的方式就是自发货。自发货方式包括国际小包、国际专线、国际快递和海外仓派送。其中，海外仓实质上是 B2B2C 模式，商家提前备货至海外仓，待买家采购后再从海外仓发货，时效快，成本低，与境外卖家同台竞争，买家体验好，将在跨境电子商务综合试验区物流服务一章进行阐述。

从跨境电子商务 B2C 发展来看，随着以 eBay、亚马逊为代表的国际电商巨头开始重视跨境电子商务零售贸易，背靠阿里巴巴集团的全球速卖通的崛起，垂直型跨境电子商务 B2C 的生存空间越来越狭窄，没有办法去跟这些大平台竞争。从跨境电子商务出口大卖家发展情况来看，大部分卖家在前几年是以每年一倍或两倍的速度增长，但 2014 年后，大中型卖家普遍面临增长瓶颈，仅有少数几家能够维持一定规模，而大部分企业的增长速率放缓。综合型跨境电子商务 B2C 平台如全球速卖通上的中小型卖家越来越多，靠着大量出售廉价商品赚取利润的路子已经走不通了，越来越多的平台开始寻求转型。如亚马逊全球开店将助力中国卖家拓展全球个人消费及商业采购业务，推动"中国制造"升级为"全球品牌"。在 2016 年 8 月全面完成向跨境电子商务 B2C 出口平台转型的全球速卖通则直接把 2017 的重点圈定在品牌化和本地化两大关键词上。品牌化几乎

---

① MFN(merchant fulfilled network)自发货是指货物销售后卖家自己负责发货到买家。

② FBA(fulfillment by Amazon)仓储物流是指提前将货物备至亚马逊指定的仓库，货物销售后，亚马逊负责拣货和发货。

是目前主流跨境电子商务出口平台的发展方向,也是"中国制造"在对外贸易中赢得议价权的必经之路。

二、跨境电子商务 B2B/M2B 模式

提起 B2B 模式,大家想到最多的是传统外贸出口,单笔订单成交额大,订单周期长,同时整个业务流程中会涉及报关、退税、海外认证等各个环节,传统的业务来源于展会,境内的有广交会,境外有法兰克福展会,另外一些境外大商家也会有买手常驻中国。实际上,对于 B2B 模式来说,另外有一块业务来源于互联网,直接来源于阿里巴巴等跨境电子商务 B2B 电商平台,目前很多外贸公司会通过互联网去取得买家信息,从而开拓业务,这种传统外贸公司借助电商平台开展业务的模式最早即以外贸电商形式呈现在人们面前,主体为工厂和外贸公司,但其实质上为跨境电子商务 B2B。

跨境电子商务 B2B/M2B 模式可以概括为不同关境的企业,通过电子商务平台(包括自建网站和第三方平台)取得实物商品订单,并通过跨境运输送达商品,完成交易的一种商业活动;其支付可以在网上进行,也可以在线下进行。

与跨境电子商务 B2C 模式的多样性不同,跨境电子商务 B2B 的模式主要有综合型跨境电子商务 B2B 平台和垂直型跨境电子商务 B2B 平台。

(一) 综合型跨境电子商务 B2B 平台

1. 概述

综合型跨境电子商务 B2B 平台的买卖双方是企业和批发商,平台的品类全,市场覆盖范围广。最具代表性的综合型跨境电子商务 B2B 平台有阿里巴巴国际站、亚马逊 Business、敦煌网、中国制造网等。

2. 代表平台

(1) 阿里巴巴国际站

最初以"信息驱动"为主,通过互联网,把原本不对称的信息进行对称匹配,让更多的中小企业可以把商品的供给信息发布到网上去,让全球的采购者能够在网上找到这些信息,这些信息的整合能够形成贸易机会,最终达成交易,形成稳定的商业关系。这类最初的信息发布平台存在买卖双方信任度不高的局限,并没有将支付环节打通,付款、信用等环节仍需要通过银行间的信用证来印证。

最近几年,阿里巴巴的跨境电子商务 B2B 业务有了本质的变化,特别是2015 年,阿里巴巴整合了一达通外贸综合服务平台,正如电脑用一组总线为

众多部件统一传输信息,一达通通过将通关、退税、外汇、物流等繁杂的进出口过程分解并进行标准化处理,从而整合众多外贸企业碎片化的出口需求,集约化提供外贸出口服务,同时也实现了数据留痕。阿里巴巴国际站从信息平台转型为交易平台,实现了信息发布、线上洽谈、交易达成、金融支付、物流供应链的在线化,卖家的交易数据得以在平台沉淀,跨境电子商务的信用体系有了数据支撑。阿里巴巴国际站推出信用保障产品,为采购合约做履约担保。平台为买卖双方搭建信用桥梁,降低信用成本,卖方通过交易累积信用数据,平台通过信用数据为卖方提供信用保障额度,买方通过平台信息减少中间环节,如有问题先行赔付,让买家安心下单。信用保障计划打破了多年来一直制约跨境电子商务发展的瓶颈——诚信问题。

(2)亚马逊 Business

2015 年,在 B2C 领域风生水起的亚马逊将旗下 http://www.amazonsupply.com 与 http://www.amazon.com 两大平台的商业、工业、科学部门整合,推出亚马逊 Business,大举进军跨境电子商务 B2B 领域。上线仅一年交易额达到 10 亿美元,服务 40 多万家企业和机构客户。在 2016 年 12 月 7 日举行的 2016 年亚马逊"全球开店"年度卖家峰会上,亚马逊正式宣布面向中国卖家推出的"亚马逊 Business(亚马逊商业采购站点)卖家招募计划"。亚马逊将在中国设立专属招募团队,为中国卖家提供业务、运营和技术方面的支持,同时提供一系列工具,帮助中国卖家入驻亚马逊 Business,拓展商业采购业务。这意味着,在中国卖家招募中一直主打将卖家带入亚马逊境外站点开展跨境电子商务 B2C 业务的亚马逊,以后将兼顾 B2C 和 B2B 业务,B2B 业务成为亚马逊"全球开店"未来在华卖家招募的另一个重点,跨境电子商务 B2B 领域的竞争将越来越激烈。

(3)敦煌网

在 B2B 领域,敦煌网是跨境电子商务全交易流程的开创者。敦煌网打破了以往的传统电子商务"会员收费"的经营模式,既减小了企业风险,又节省了企业不必要的开支,同时避开了与阿里巴巴国际站 B2B 业务的竞争。在敦煌网,买家可以根据卖家提供信息来生成订单,可以选择直接批量采购,也可以选择先少量购买样品,再大量采购。这种线上小额批发一般使用快递,快递公司在一定金额范围内会代理报关。"用淘宝的方式卖阿里巴巴 B2B 上的货物",是对敦煌网交易模式的一个有趣概括。据悉,敦煌网实现了 120 万家境内供应商、3300 万种商品在线,拥有全球 220 多个国家和地区的 1000 万买家,每 3 秒产生一张订单。2015 年 8 月 27 日,敦煌网的一站式跨境电子商务综合服务平台项目签约落户中国(杭州)跨境电子商务综合试验区下沙园区。

(4)中国制造网

作为国内最早运营的外贸推广平台之一,中国制造网的服务涵盖了订单撮合、运营、物流等各个电商环节,为外贸企业提供包括打造国际品牌、开拓直销渠道、实现当地配送、融入美国市场、解决企业融资等整体供应链解决方案。其母公司焦点科技股份有限公司,自2013年起开始布局美国市场,并在美国设立子公司inQbrands,并建设了现代化海外仓。2015年,公司还收购美国商品直发服务平台Doba,为中国供应商开辟了一条直通美国腹地的绿色通道,也让美国消费者能便捷地购买到优质的中国产品。2016年10月19日,中国制造网跨境运营中心正式落户杭州。

(二) 垂直型跨境电子商务B2B平台

1.概述

垂直型跨境电子商务B2B平台,主要是专注于某一个行业,如家纺、服装、化工、家电、五金等领域,这些平台往往由传统外贸企业或生产型企业转型而来,它们会将多年积累的客户资源搬到网上,并面向行业招商,集聚更多的平台卖家和买家,并通过社交和搜索引擎来吸引流量资源。

2.代表平台

代表平台有工业装备垂直跨境电子商务平台拓拉思。

拓拉思前身Bolton Tools在美国有十几年的工业装备销售经验和专业售后维修队伍,其创始人Jason Fu在中美两国从业20余年。长期以来,在工业装备出口领域,经销商、代理商层层剥削,厂家无法获知终端客户的需求,没有产品售后服务保障……Jason Fu带领企业团队,于2016年创办了一个能提供全方位全流程服务的工业装备垂直跨境电子商务平台拓拉思,希望构筑"工业电商生态系统",借助跨境电子商务的方式全方位地革新工业装备和技术领域,推动全球制造业的革新,逐步向制造业的深层次拓展。

拓拉思平台属于O2C(office to customer,企业对客户进行专人定制)模式,该平台最大的创新在于彻底颠覆了以往传统外贸出口的中间环节,帮助中国的工业装备类产品生产企业,摆脱对中间代理商或者经销商的依赖,将产品直接销售给美国的终端客户。它不仅是产品在线交易平台,更能为中国厂家提供从产品标准定制、境外品牌打造、生产企业培训、进出口仓储物流服务到产品全方位营销及售后维修一条龙服务。除了提供常规售后服务模式外,受Uber启发,拓拉思开发了YUUTOOL这款APP,重构在线为客户提供产品售后服务的方式。

YUUTOOL 连接了机械设备的使用者和经过认证的能提供售后维修服务的工程师。截至 2017 年 4 月,约 3000 名来自拓拉思合作厂家的工程师已经入驻平台,顾客打开软件,马上就可以定位到离自己最近的工程师,轻松获得工业设备维修服务。

截至 2017 年 4 月,拓拉思已经在宁波、杭州、江苏、上海等地签约了近 100家样板企业,遍布中国东部地区。在美国,拓拉思有近 20 年的市场经验积累,已经有近 20 家美国本土的优质厂家加入到拓拉思平台,面向亚洲,尤其是中国的电子商务销售网络。

在跨境电子商务 B2B/M2B 进口方面,目前整个行业中除了阿里巴巴的 1688 批发平台有所尝试外,其他平台实践得并不多。

三、 移动跨境电子商务模式

随着移动技术的进步,线上线下商务之间的界限逐渐模糊,以互联、无缝、多屏为核心的"全渠道"购物方式快速发展。移动跨境电子商务拥有的市场存量空间非常惊人,除了美国等发达市场有很大市场存量,在一些新兴市场,如俄罗斯、东南亚和非洲,大量用户将直接进入移动跨境电子商务市场,发展潜力区大。

(一) 移动跨境电子商务 B2C 模式

1. 概述

从 PC 端到移动端的迁徙正从预言变为现实,不少老牌的跨境电子商务平台如亚马逊、eBay、全球速卖通等都已经开发了移动端 APP,从诞生起便专注于移动端的跨境电子商务平台,如 Wish 等,近年来也得到飞速发展。

2. 代表平台

代表平台有 Wish、Jollychic 等。

(1) Wish

美国硅谷高科技公司 ContextLogic 旗下的 Wish 是一家基于瀑布流展示方式的购物平台,平台采用独特算法,根据用户在社交媒体上的浏览轨迹分析用户喜好,实现千人千面的个性化推送,为全球消费者提供来自世界各地的优质产品选择。Wish 旗下除 Wish APP 外,还有 4 个垂直 APP,提供多种类别的产品:Geek 主要提供高科技设备,Mama 专攻孕妇和婴幼儿用品,Cute 专注于美容产品、化妆品、配饰和衣服,Home 提供各种家居配件。2013 年 3 月正式进入电商领域后,Wish 只用了不到 9 个月的时间,就实现了 500 个商户创造超过 1 亿美元销售额的实绩。2014—2016 年,是 Wish 进入爆炸式增长的三年,Wish 连续三年被评为硅谷最佳创新平台。Wish 是全球第五家四年内 GMV 达到 30 亿美元规模的互联网公司,一举奠定了 Wish 移动跨境电子商务领域的领军地位。

目前,Wish 已经是北美及欧洲最大的移动电商平台,并成功入选全球独角兽企业榜单。平台全球用户超过 3 亿,日活突破 1000 万,每天都有超过 25 万用户在 Wish 上达成交易。在欧洲、北美等地区,Wish 已经深入当地消费者生活的方方面面;同时,Wish 也已经进入拉美、东南亚、南亚、澳大利亚等移动电商新兴市场。2017 年 6 月 23 日,Wish 中国落户杭州,与杭州跨境电子商务综合试验区携手在产业带建设、传统企业上线、跨境电子商务品牌培育和人才培养等领域深化合作,实现 Wish 平台流量数据、杭州制造业优势和高校人才资源优势的叠加,助力杭州传统制造、外贸企业转型升级和跨境电子商务人才的创业创新。

(2) Jollychic

Jollychic 是浙江执御信息技术有限公司(以下简称执御)旗下购物 APP,已经成为中东最大的移动电商平台,是 GCC(海湾阿拉伯国家联合委员会,由阿拉伯联合酋长国、阿曼、巴林、卡塔尔、科威特、沙特阿拉伯六个国家组成)里面排名第一的移动端购物平台,覆盖了中东将近 80% 的网民。经营产品包括服装、鞋包、配饰、家居、母婴童玩、美体护肤与 3C 等品类,2014—2016 年,实现了年均 300% 以上的增长,注册用户已超 3500 万人。

优质供应链+本土化战略造就了 Jollychic。执御背靠整个中国乃至全球的供应链,充分利用了移动互联网的创新模式,结合大数据应用,匹配消费者的需求与供应商的生产力,根据大数据的预测进行按需采购。为了打造出类拔萃的供应链,执御定期开展各类型招商会,为合作的境内外供应商提供专业的商务对接和供应商培训服务。

在本地化方面,资深买手团队的建立不仅能了解目标市场的风俗习惯和消费者购物理念,还能够精准把握市场信息,预测流行趋势。此外,执御于 2016 年加入了"电商+本地网红"新型营销模式,通过自制视频、与本地网红合作等形式,在 YouTube、Facebook、Twitter、Instagram 等社交平台上发布潮流资讯和相关线上活动。经过一年推广,目前 YouTube 上的相关视频数量已达 271 个,观看量超过 7000 万次。目前已与中东市场 1000 多名网红合作过,信息传播覆盖 6000 多万人次。

(二) 移动跨境电子商务 B2B 模式

1. 概述

全球贸易小额、碎片化发展的趋势明显,移动端可以让跨国(地区)交易无缝完成,卖家随时随地做生意,白天卖家可以在仓库或工厂用手机上传产品图片,实现即时销售,晚上卖家可以回复询盘、接收订单。同时,基于移动端,买卖双方沟通将变得非常便捷。

2. 代表平台

代表平台主要有大龙网。

大龙网(OSell)自主研发了一款跨境贸易商务社交 APP——"约商"。依托约商 APP,发布商机,并进行筛选、询盘,最后生成订单,通过大龙网提供的跨境支付和物流业务,确认收货后结算货款。两头的中小企业,往往没有渠道认识对方,"约商"打开的是一扇门,只要会用 APP、会聊天,就会从不认识到逐渐熟悉继而产生信任。依托移动互联网,建立起境内卖家和境外买家之间的线上链接,双方通过手机 APP 线上沟通和下单。

大龙网借助"一带一路"政策优势和全球资源,与境外渠道圈结盟形成境外本土化跨境服务平台,用大数据和跨境供应链金融产品整合资源,同时在境内寻找细分行业合适的产能圈落地合作,在境内落户中国"集采中心",与境内产能圈领袖企业形成产业园、跨境产业小镇等平台公司,两个平台互通互联。以共享经济模式聚合目标市场国家(地区)有实力的合作伙伴,为中国出口企业打造覆盖整个目标市场国家(地区)的分销网络,并推出全新的 FBO(fulfillment by OSell)即跨境全程订单履行服务,以一站式整体出口解决方案助力中国制造实现一步跨境,初步形成 OSell 跨境 B2B 本土化服务中心、OConnect 跨境品牌集采中心、龙工场跨境电子商务产业园三大业务板布局。

四、 跨境电子商务 O2O 模式

(一) 概述

O2O 营销模式又称"线上＋线下"商业模式,是指线上营销、线上购买与线下经营、线下消费相结合,在线上与线下相互"引流"的同时,为消费者提供"最适合"的购物与服务体验。

目前境内各地的 O2O 体验店对跨境电子商务商品的销售模式一般是"样品展示＋线上下单＋跨关境派送(境外直购进口或境内保税区发货)",即区内企业在特殊监管区域以外场所开展出区保税展示交易的,需提供税款担保;货物在出区展示期间发生内销的,区内企业应当在规定日期内向主管海关集中办理进口征税手续(先销售后交税)。因为不能现场提货,导致消费者在店内的购物体验感较差。实践中,跨境电子商务 O2O 体验店往往是保税展示交易和一般贸易并行,消费者既可以选择扫码下单、保税区发货,也可以支付一般贸易完税价,付完款后现场提货。目前,各地纷纷建起了各种类型的跨境电子商务 O2O 体验街区,但是尚未摸索出成熟的盈利模式。

(二) 盈利模式

1. 跨贸小镇

位于中国(杭州)跨境电子商务综合试验区的跨贸小镇,立足于"享受地球村的生活"这一目标,相继建设和引进一批跨境 O2O 线下体验项目。2016 年,杭州市首个跨境 O2O 国际街区——海彼购正式开街,集合了欧洲、澳大利亚等多个国家和地区的 24 个主题馆。在这里,消费者不仅可以感受异域风情,还能满足"一条街买遍全球"的消费体验。街区二期项目也于 2017 年年底前营业,芬兰馆、日本母婴日化馆、东南亚综合馆的加盟,带来了更丰富的购物体验。2016 年12 月,境内首家线上线下联动,集吃、玩、游、购于一体的跨境生活综合体——西狗茂全球精选直购中心正式亮相。动动手指手机下单,一条街轻松购遍全球。在这里,"买全球""卖全球"已成为现实,从"日本"买到"澳洲",再从"西班牙"买到"保加利亚"……每件商品都与境外超市同价同质同步;在这里,你也可以在亚洲最大的 IMAX 影院看完电影,再去欣赏一场加拿大太阳马戏团的表演,还可以带孩子去"玉郎童欢"儿童梦幻空间回味童真……

2. 天猫国际跨境线下店

2018 年 4 月 20 日,天猫国际全国首家跨境线下店——西湖银泰店开始试营业。天猫国际西湖银泰店面积在 300 平方米左右,试营业期间上架了涵盖美妆个护、婴儿用品、玩具、保健品、红酒、箱包饰品等多个进口热门品类,引进了1100 多个国家(地区)畅销进口好货,并根据该店周边 3 千米消费大数据,从天猫国际已引进的 70 多个国家(地区)3700 个品类近 18000 个境外品牌中精选而来。该店依托于阿里新零售技术解决方案打造了整体化的消费创新体验:所有的商品均采用电子价签,保证全球同步、全球同价、线上线下同价。为保证更好的跨境进口物流配送时效,此次天猫国际西湖银泰首店通过菜鸟在杭州保税仓直接取货,试营业期间主要服务覆盖包括上城区、下城区、西湖区、江干区、拱墅区、滨江区、萧山区、余杭区等杭州 8 个城区,其中针对西湖银泰店上城区周边 3

千米截单时间内(即每天下午两点前)的订单可保证当日达,其他城区次日达。基于后续经营计划,未来该店的物流基础服务也会逐步升级,实现预约配送和门店的提货时效提升。

3. 网易考拉海购"海淘爆品店"

2018 年 4 月 28 日,网易考拉海购开出了首家线下店。这家网易考拉海购"海淘爆品店"位于杭州大厦·中央商城 B1 区域。整个店面营业面积约 300 平方米,目前已经上架的商品涵盖美妆、个护、母婴、轻奢、数码家电、运动服饰等各个热门消费类目。目前店内在售和展示的商品,都是依据网易考拉海购海量的用户消费数据,从全球数十万款进口商品中精选出的。未来,这些商品还将随网易考拉海购大数据更新而定期更换。

据悉,"海淘爆品店"采用电子价签形式,保持在售价格与 APP 线上价格的同步与实时更新。网易考拉海购可为线下店周边 5 千米的用户提供当日配送到家服务,只要消费者于每日晚 8 点前完成购物(跨境展示商品除外),就可以选择这项标准化服务;如超出这一时间,网易考拉海购将提供次日达服务。

五、 社交电商模式

(一) 社交电商模式概述

传统的电商领域已是巨头厮杀的残酷战场,高昂的流量成本让后来者望而生畏。在这样的背景下,社交电商领域被寄予众望,不少人正在积极加入和探索。

YouTube、Facebook、LinkedIn、Instagram 等社交平台上蕴含着大量的商机信息,很多外贸企业通过这类搜索引擎和社交工具的精准营销,获得了订单。以 Facebook 为例,平台中花样繁多的营销手法不仅是引流手段,更是不少跨境电子商务企业品牌运营的突破口,发布帖子与粉丝互动,保持品牌识别度;评论及回复粉丝,使体验更个性化和互动性;利用"check in"等功能为客户提供优惠券、促销产品……

从平台卖家到独立站建设,很多卖家都意识到了品牌化的重要性,让自己的品牌活跃在社交媒体,聚集自己的潜在用户,引流到店铺或独立站,从而获得最忠实和高转化率的用户,成为跨境电商企业探索的新路径。想要快速在跨境行业立足,就要学会运用社交媒体力量。

(二) 代表平台

社交电商模式的代表平台有云集等。

跨境电子商务销售额从 2.1 亿元人民币增长到 11.7 亿元人民币,环比增长 457%……自从 2016 年 1 月正式启动跨境电子商务业务以来,这样的成绩单让云集在 10 亿元人民币规模跨境进口电商企业中,增速排名第一。到目前为止,社交电商平台云集在全国已经拥有 6 个保税自营仓和 1 家香港直购进口仓。不同于传统电商模式,社交电商基于个体信任,通过社交关系链实现商品信息的传递和交易的达成。社交电商在渠道深度和信息传播广度方面有天然优势,可以为跨境商品的流通提供绝佳的渠道。云集正在发挥自身社交电商的优势,积极拥抱跨境电子商务,而两者也正在发生着“化学反应”。

由于跨境商品是从境外直接进口,其包装都是原销售地文字,在无人指导和推广的情况下,跨境进口商品的快速深度分销非常困难,这也是跨境商品传统销售渠道的消费者主要集中在一二线城市,而三四线城市和农村消费占比特别少的原因。云集瞄准的正是处于“空当区”的三四线城市市场。由于云集有不少用户处于三四线城市,这些用户存在相当大的待开发消费能力及迫切需要升级的消费需求。基于这样的背景,云集希望通过跨境电子商务和社交结合的模式,将更多全球好货送达更多的消费者手中,带动三四线城市消费升级。目前,云集海外购已经精选了 22 个国家和地区 300 种品牌的商品,覆盖欧洲、北美洲和亚洲等区域。

六、 跨境电子商务 C2B/C2M 模式

(一) 跨境电子商务 C2B/C2M 模式概述

跨境电子商务 C2B 模式,即消费者对企业模式,是消费驱动生产的模式。在模式创新方面,位于杭州的创业企业 OWNONLY 和持码网络 CM 值得关注。这两家出口跨境电子商务企业摒弃了传统的 B2C 模式,纳入 C2B 的西装定制概念,为欧美消费者提供个性化的在线量身裁衣服务。

(二) 代表平台

代表平台有 OWNONLY 和 CM。

1. OWNONLY

OWNONLY 是以成衣价格提供定制男装,在中、美、法、日开展在线男装定制服务的企业。OWNONLY 于 2015 年设立,中国市场由浙江孤品品牌管理有

限公司运营,一直在尝试用量体师上门服务来连接线上与线下客户,达成 O2O 模式的落地。打开 OWNONLY 的网站,产品涵盖定制西服、衬衫、外套、配饰,并提供了多种量体方式:视频教学量体、拍照量体、上门量体等。你可以跟着视频找个朋友轻松完成在线选款、量体数据输入及支付的全过程;或者直接启动摄像头拍照量体上传后台;但假如你是一名有钱无闲的男性用户,一经预约,便会有造型顾问和你沟通主要定制产品需求及一般喜好。然后,OWNONLY 会派出一位经过训练的量体师上门服务。他会带着面料布样、样衣,为用户量体、指导试穿,并会根据客户的喜好及穿着场景提供全方位的建议。之后,量体师会将收集到的信息记入 OWNONLY 客户管理数据库,传到设计师眼前,设计师根据信息制作专属打版,完成定制。下一次购买时,你就只需要在网站上选择喜欢的款式,等待快递上门就可以了。

2. 持码网络 CM

持码网络 CM(ClothesMake),是一家男士正装定制平台,其目标市场为欧美年轻男性,主要业务为定制男士衬衫、西服、外套等正装。2016 年 6 月份拿到投资,10 月便完成平台搭建然后正式上线……1991 年出生的邱泽西,在美国求学期间,他学的专业是商业营销。一次,在商业伦理和礼仪课程上,任课老师对大多数学生随意的穿着提出了批评,并要求他们以后都要穿正装开始上课。邱泽西当时穿着一件在上海定制的大衣,同学们觉得这样比较正式,询问了价格之后,都觉得实惠,纷纷请他帮忙找中国师傅定制,这让他看到商机,创立了持码网络 ClothesMake。

此前没有任何从业经验的邱泽西,敢于踏足服装领域,得益于互联网时代的大数据技术应用。系统里有上百万份客户测量数据,客户只要输入身高、体重等基本信息,系统会自动生成 15 个主要部位的数值范围供客户选择。除了依托大数据外,CM 还聘请了 2 位具有丰富制版经验的版式师傅,对每一单系统生成的数据及客户选择或自测的数据进行把关,提供参考建议,以确保每件产品都是"量体裁衣",让客户没有"解锁不了"的衣服。充分满足客户个人衣着喜好,这是 CM 另一大亮点。目前 CM 平台上定制的品类有衬衫、西服、礼服、风衣等,可供选择的面料有 100 多种,除了服装完全按照客户自身数据订制外,还可以满足各种客户的个性化需求,比如风衣上要不要加肩章、扣子选择用哪种等,使每位客户成为自己的设计师,每件衣服都打上客户自己独属的印记。在质控方面,CM 近乎"苛刻",要求做到连一个线头都不让客户发现。货品发出之前,CM 会做 4 道质检,目的就是要让客户花三流品牌的价格,买到一流品牌的质量和服务。平台上线至今,CM 所定制售出的服装无一不得到境外顾客的好评。

综上,我们总结跨境电子商务的商业模式如图4-1所示。

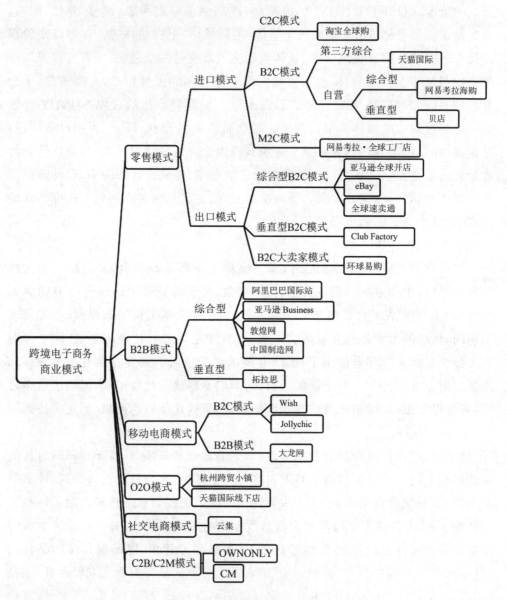

图 4-1 跨境电子商务商业模式

第五章 跨境电子商务综合试验区金融创新

每年"双十一"都是见证全球新经济奇迹的时刻。2017年的"双十一"当天，全球消费者通过支付宝完成的支付总笔数达到14.8亿笔，比2016年增长41%，全球220多个国家和地区的消费者都加入了这场狂欢。从服务中国到服务全球，短短13年，支付宝已发展成"世界的支付宝"，实现"全球收全球付"能力，不仅境内消费者，境外消费者也能在天猫或速卖通平台"买买买"，用支付宝方便地付款。

当前，随着人们对跨境电子商务货物贸易及出境游、留学等跨境电子商务服务贸易业务需求的增加，以跨境支付为代表的跨境金融创新逐步从幕后走向台前，推动着消费者"买全球"和中小企业"卖全球"。

跨境电子商务金融创新，主要体现在跨境电子商务结算、跨境电子商务融资、跨境电子商务保险等方面。跨境电子商务结算主要分为跨境电子商务外汇结算和跨境电子商务人民币结算；跨境电子商务融资，包括债权融资和股权融资，债权融资主要为基于大数据的信用金融，股权融资分为公开市场发售和私募发售。

一、跨境电子商务结算

随着国际贸易和电子商务的发展，跨境电子商务催生出大量小额、高频、快速的跨境支付需求，传统的国际卡组织和银行电汇等支付方式由于汇款周期长、手续烦琐、费用高昂，逐渐被第三方支付机构取代。

(一) 跨境电子商务外汇结算

1. 跨境电子商务结算方式

作为跨境电子商务最重要的环节，贸易结算是供应链系统的引擎，贸易结算方式直接决定着跨境电子商务的生命线，结算方式伴随着跨境电子商务平台的发展而发展。中国的跨境贸易最初以跨境电子商务交易资讯平台模式为主，这一时期的贸易结算主要以银行为主，结算方式与一般贸易相同；后来，逐渐增加了综合型跨境电子商务零售平台模式,这些平台模式多采用线上支付,最初被境外支付机构垄断,资金转入境内的手续烦琐、费用高昂;不过,随着综合型跨境电子商务平台的发展,境内第三方支付平台随之兴起,包括国际支付宝、财付通、汇付天下等支付公司在进出口跨境电子商务业务中均有涉猎,提供包括零售贸易、留学教育、航空机票、酒店住宿、旅游服务、国际展览、国际会议、国际运输、软件服务等方面的跨境支付业务。

跨境电子商务进出口业务的不同,采用的贸易结算方式也存在差异,网上跨境资金流动包括跨境支付和跨境收入两部分,涉及结售汇问题。从资金的流向来看,跨境电子商务进口业务(包括个人消费和海淘)涉及跨境支付购汇,购汇途径一般有第三方购汇支付、通过境内银行购汇汇出等;跨境电子商务出口业务涉及跨境收入结汇,其结汇途径主要包括第三方支付机构代理收结汇、通过境内银行自主汇款等。

(1)跨境支付购汇方式

①第三方支付平台统一购汇支付

主要针对境内个人零星购买境外商家的产品而开通,支付公司将这些外币标价的产品根据实时外汇价格转换成人民币价格,境内个人支付人民币给支付公司,支付公司再代理购汇支付。这一支付过程中,支付公司只是起到代理购汇手续的中间人的作用,实际的购汇主体仍是个人买家。

②通过境内银行购汇汇出

个人买家向境内银行购汇,再将外汇汇给境外电商平台或卖家。

(2)跨境收入结汇方式

①境内外第三方支付平台代理收结汇

依靠境内外第三方支付工具收款结汇流入。目前主流的第三方支付平台已开展真实贸易背景下的结汇服务,境外买家直接汇款到支付公司的境内银行账户,然后通过该公司的系统集中统一到银行结汇,付款给境内商家。

②通过境内银行汇款结汇

境外买家将外汇收入按当日汇率汇入卖家外汇指定银行,银行收取外汇,兑给企业人民币。部分企业采取海外仓 B2B2C 的模式运行,在境内外均有公司,将货物从境内以一般贸易方式集中备货到海外仓,通过贸易实现两地公司间的资金转移,再通过银行集中结汇换取人民币后,分别支付给各个生产商。

2. 跨境电子商务结算渠道及工具

当前,我国用户跨境转账汇款渠道主要有第三方支付平台、商业银行和专业汇款公司。相较于商业银行较高的费率和专业汇款公司有限的覆盖网点,第三方支付平台能同时满足用户对跨境汇款便捷性和低费率的需求,受到越来越多用户的青睐。

（1）商业银行

此类工具通常是以跨境电子商务 B2B 大额贸易结算为主,主要包括汇付、托收和信用证等。

①汇付

汇付又称汇款,是最简单的国际贸易货款结算方式。采用汇付方式结算货款时,卖方将货物发运给对方后,有关货运单据由卖方自行寄送买方,而买方则直接通过银行将货款交给卖方,主要有赊销、货到付款和预付货款等几种方式。赊销是出口商将货物发送给进口商,在没有得到付款或付款承诺的情况下,就将货物运输单据交给进口商,让进口商提取货物的一种结算方式。货到付款是出口商先行将货物出运,在进口商收到货物后再将货款汇付给出口商。预付货款是进口商先将货款汇交出口商,出口商在收到货款后再发货给进口商的方式,多见方式为预付定金。

②托收

托收是指由接到委托指示的银行处理金融单据和/或商业单据以便取得承兑或者付款,或者凭承兑或者付款交出商业单据,或凭其他条件交出单据。为了确保托收方式下的收汇安全,出口商可以预收一定的预付金,余额用 D/P（付款交单）即期的方式收汇。预付金的比例和汇付一样,一般为合同总值的 25%～30%为宜。

③信用证

信用证即由一家银行依照客户的要求和指示或自身的名义,在符合信用证条款的条件下,凭规定单据,向第三者或其指定人付款,或承兑并支付受益人出具的汇票;或授权另一家银行进行该项付款或承兑并支付该汇票;或授权另一家银行议付。

由于国际交易双方在不同的地域、国家增加了贸易结算的困难,不论采用哪种国际贸易结算方式,最基本前提是对贸易方的资信状况要了解清楚,只有双方有良好的信誉,才能促使贸易顺利完成。在贸易结算方式的选择上,尽量规避风险比较大的方式,积极采用保险或者多重结算方式抵消风险,一旦采用某种结算方式,要尽可能考虑到风险隐患并较早采取相应措施,保护自身利益。

（2）专业汇款公司

西联汇款是国际汇款公司（Western Union）的简称,迄今已有 150 年的历史,它拥有全球领先的电子汇兑金融网络,代理网点遍布全球近200个国家和地区。西联汇款支持全球大部分国家和地区,可将汇款发至西联公司全球任何的代理机构,收款人可在十几分钟内取得汇款。西联汇款没有中间行扣费,但付款手续费较高,汇款手续费按笔收取,不太适合小额支付,一般用于中额费用支付,先收钱后发货,对商家最有利。与普通国际汇款相比,西联汇款不需开立银行账户,收到款之后立马去银行提款,简便快捷。不过,对于境内用户来说,接收到的美元会被自动兑换为人民币,并且只能在指定银行(中国农业银行、中国邮政储蓄银行等)收款,境内收款网点相对较少。

2019年4月29日,国家外汇管理局发布《关于印发〈支付机构外汇业务管理办法〉的通知》(汇发〔2019〕13号),在保持政策框架整体稳定不变的基础上,主动适应跨境电子商务新业态的业务特点,完善支付机构跨境外汇业务相关政策,个人在跨境电商平台或网站购买商品或服务时,通过支付机构可以便利地实现购汇并对外支付;允许银行为个人"海淘"提供电子支付服务,拓宽个人"海淘"支付结算渠道。

主要包括以下四个方面内容:一是支付机构可以凭交易电子信息,通过银行为市场主体跨境交易提供小额、快捷、便民的经常项下电子支付服务,进一步便利跨境电子商务支付结算。二是明确支付机构可为境内个人办理跨境购物、留学、旅游等项下外汇业务,进一步满足境内个人合法用汇需求。三是支付机构应建立有效风控制度和系统,健全主体管理,加强交易真实性、合规性审核;银行应对合作支付机构的相关外汇业务加强审核监督。四是银行在满足交易电子信息采集、真实性审核等条件下,可参照申请凭交易电子信息为市场主体提供结售汇及相关资金收付服务,进一步拓宽跨境电商交易支付结算渠道。

相关政策
链接 5-1

(3)第三方跨境支付

第三方支付机构跨境外汇结算业务,是对传统银行支付业务的有益补充,打通了跨境电子商务资金结算的"最后一公里",为跨境电子商务的发展提供了必要条件。

①境外第三方支付机构的发展

在跨境第三方支付方面,西方要比中国发展得早,最具代表性的PayPal(贝宝)公司成立于1998年12月。PayPal利用现有的银行系统和信用卡系统,通过网络技术和网络安全防范技术,在全球190多个国家和地区为超过1.5亿个人及网上商户提供安全便利的网上支付服务。PayPal于2004年进入中国,同中国多家主要银行及中国银联支付服务公司等合作,为网上交易的个人与企业提供支付服务,受到了亚马逊、敦煌、eBay等一些跨境电子商务出口平台交易双方的欢迎。和信用卡相比,PayPal保证了信息的安全和个人隐私。在线付款时,不用将银行卡或银行账户的详细信息透露给他人。但是,由于PayPal是国际公司,只针对美国的收款方式及PayPal提现,因此境内用户想将账户里的钱收回境内并不太方便,将PayPal上的钱收回境内的方法有三种:一种是通过电汇发送到中国内地银行账户,需要高昂的手续费;一种是免费提现至中国香港账户(例如香港招商银行),不过美元会被自动折算为港币;最后一种是通过支票托收。2015年7月20日,在线支付公司PayPal正式完成与母公司eBay的分拆业务,登陆纳斯达克独立上市。

②我国跨境外汇支付改革试点进程

在中国,现行贸易外汇管理围绕传统国际贸易的业务特点而设计,而跨境电子商务的新特点,给外汇管理带来新的挑战,我国外汇管理部门积极创新管理理念,探索适应其业务特点的监管模式,促进这一新兴业务的持续健康发展,同时,有效防范跨境资金流动风险。

支付机构开展电子商务跨境外汇支付业务首先需要有央行颁发的支付业务许可证,其次是国家外汇管理局关于电子商务外汇支付业务试点的批复文件。

早在2007年,银联就开展跨境支付业务,同年7月,国家外汇管理局批复,允许支付宝公司办理境外收单业务,境内个人可通过支付宝用人民币购汇,购买境外合作商户网站上以外币标价的商品。

2010年6月,央行正式对外公布《非金融机构支付服务管理办法》,对境内第三方支付行业实施正式监管。2011年5月26日,央行公布了首批获得支付业务许可证的27家单位,包括支付宝、财付通、快钱等。

2011年财付通和美国运通合作。

2012年2月支付宝与万事达合作。

2013年10月,国家外汇管理局综合司正式下发了《关于开展跨境电子商务外汇支付业务试点的批复》(汇综发〔2013〕5号,以下简称5号文件),批准17家第三方支付机构开展跨境电子商务外汇支付业务试点。试点业务的开办,拓展了跨境电子商务的资金结算渠道,实现了境内第三方支付服务在地域范围及币种范围的延伸,增进了境内支付行业的国际竞争力,便利了我国企业和个人在跨境电子商务中的资金结算;同时,通过使用熟悉的境内第三方支付服务,也减少了法律商业风险。

2015年1月20日,国家外汇管理局出台了《关于开展支付机构跨境外汇支付业务试点的通知》(汇发〔2015〕7号,以下简称7号文),制定了《支付机构跨境外汇支付业务试点指导意见》,标志着试点一年多的支付机构跨境外汇支付业务得到进一步推进。这也是在5号文件的基础上,对支付机构跨境外汇支付业务监管的进一步优化和完善。7号文件着重在以下五个方面进行了优化完善。[①]

第一,全面放开试点资格申请。《支付机构跨境外汇支付业务试点指导意见》对开办跨境外汇支付业务试点的支付机构采取名单化管理,支付机构提交相关申请材料后,只需经外汇局分局审核后,即可在20个工作日内获得正式书面文件,并完成"贸易外汇收支企业名录"登记(仅针对货物贸易),同时抄报国家外汇管理局。

第二,单笔交易金额提升到50000美元。《支付机构跨境外汇支付业务试点指导意见》将原有的"货物贸易单笔交易金额不得超过等值10000美元,服务贸易单笔交易金额不得超过等值50000美元"修改为单笔交易金额上限一律为50000美元,在更大程度上满足小型跨境电子商务结汇需求。

第三,备付金收付允许轧差结算。《支付机构跨境外汇支付业务试点指导意见》规定,在满足交易信息逐笔还原要求的情况下,支付机构可以办理轧差结算。此项修改节约了跨境电子商务和支付机构的结算成本,同时缩短了业务办理时间。

第四,合作银行不再限制数量。《支付机构跨境外汇支付业务试点指导意见》不再对备付金合作银行及备付金账户数量进行限制,给予了支付机构更大的操作空间,有利于促进支付机构与更多银行开展跨境外汇支付试点业务。

第五,信息申报允许小金额汇总录入。对于单笔金额等值500美元(含)以下的跨境外汇支付业务,《支付机构跨境外汇支付业务试点指导意见》要求合作银行将区分币种和交易性质汇总后,以支付机构名义逐笔录入个人结售汇业务管理系统,不再需要全部逐笔录入。

2017年初,中国人民银行和国家外汇管理局先后出台多项规定,进一步规范第三方支付业务。2017年1月13日,中国人民银行发布了一项支付领域的新规定,自2017年4月17日起,支付机构应将客户备付金按照一定比例交存至指定机构专用存款账户,该账户资金暂不计付利息。首次交存的平均比例为20%左右,最终将实现全部客户备付金集中存管。

③支付机构跨境外汇支付试点成效

过去,个人跨境网购主要通过国际信用卡、境外支付机构进行支付。试点业务开展后,个人凭境内熟悉的支付工具如"支付宝",即可完成跨境网购的资金结算。在出口方面,过去,进行交易的模式是"电子商务平台+银行结算",中小企

---

① 参考《捞干货!独家解读〈支付机构跨境外汇支付业务试点指导意见〉》,见支付产业网 http://paynews.net/portal.php? aid=29046&mobile=no&mod=view&page=1,2015-02-10。

业通过境内外电子商务平台达成交易,取得的结算资金均为外币,还需在银行柜台完成"最后一公里"作业,即办理收结汇。部分企业因交易凭证获取问题,在结汇环节存在困难。试点政策推行以来,外汇管理局认可交易的电子单证作为真实性审核依据。支付机构通过银行可以为中小企业集中办理收结汇,使收结汇环节直接整合到跨境电子商务的交易流程中。中小企业通过试点业务即可直接收取人民币货款,跨境电子商务的资金结算实现了全程电子化,有效节约了企业的财务成本,提高了资金结算效率。试点业务的开展,支持了本土支付机构的快速成长,实现了境内第三方支付服务的跨境延伸。2013 年 9 月开始,17 家支付机构先行开展试点业务;2014 年 7 月,试点支付机构增批至 22 家。2017 年初,跨境外汇支付牌照再度发放,宝付成为 2017 年首家获批支付机构。截至 2017 年 3 月,共发放 29 张跨境支付许可,区域主要集中在北京、上海、浙江,跨境支付业务主要集中在酒店、航空、教育及货物贸易等领域。

相关链接 5-1: 跨境电子商务收款服务

在全球跨境电子商务日渐成熟的大趋势下,跨境收款作为依附跨境电子商务发展而来的新服务形式,其未来发展竞争的势头愈加激烈。订单资金回转慢、安全漏洞多、中间环节烦琐复杂,导致卖家应对跨境收款现状时总是手足无措,高费率、服务体验差、安全性低、周期长,这些痛点困扰着出口跨境电子商务卖家。为解决这些痛点,PingPong 和连连支付实施了许多创新举措。

1. PingPong

PingPong 是在中国(杭州)跨境电子商务综合试验区支持下成长起来的一家跨境收款服务企业,自 2015 年起陆续进入美国、日本、欧洲市场,全力护航中国企业的出海之路。目前,PingPong 已与亚马逊、Wish、Newegg 等知名跨境电子商务平台达成合作。2017 年 9 月,PingPong 获得卢森堡颁发的欧洲支付牌照,成为首家拿下欧洲支付牌照的中国金融科技公司。

现阶段,PingPong 已实现日交易峰值超 3 亿元人民币,为中国卖家节约了 3 亿元收款费用。从削减 70% 的跨境支付成本,到"转快一倍,赚多一倍",PingPong 正在引领行业的发展。

"光年"是 PingPong 为跨境卖家量身定制的新产品,具有出账提现和即时收款两大功能。出账提现是 PingPong 独有的核心产品,也是收款行业中的创新体现,通过该功能,平台一出账即可提现,可以帮助卖家提前收到货款,大幅提高资金周转率。

出账提现功能。卖家货款从出账到入账要经过电商平台打款、银行间流转、入账确认三个流程，这个流程一般要3天，若再碰上周末或者节假日，可能就是7天。出账提现功能解决的就是出账到入账3～7天的窗口期问题。如果使用"光年"产品，平台一出账，PingPong会显示入账，就可以提走资金。

即时收款功能。即订单无需买家确认，只要订单一生成，卖家就可以拿到钱。假如卖家在Wish平台有一家店铺，一天能卖100单。由于物流、用户确认、Wish审核等流程，卖家今天卖出的货物可能要过90天甚至是120天才能出账。如果卖家使用"光年"即时收款功能，今夜售出的100个订单，明早起床，打开电脑，登录PingPong商户后台，就可以发起这100个订单的提现。

2. 连连跨境支付

连连跨境收款是连连银通电子支付有限公司2017年正式启动的服务于中国跨境电商卖家的新业务，旨在解决此前跨境收款领域中跨境回款资金链路长、收款成本价格高昂等痛点，帮助跨境电商卖家安全高效地收回账款。自上线以来，凭借着产品的安全性和提现的高效性，赢得了数以万计的卖家的青睐。连连跨境支付作为行业的后起之秀，在行业内开创了多个第一：

第一且唯一一家持有中国境内支付牌照的亚马逊收款服务商；

第一家将提现速度进化到"秒"级，提现最快67秒到境内的第三方支付机构；

第一家创立多账户统一管理系统的第三方支付机构；

第一家上线实时汇率功能的第三方支付机构；

第一家实行ERP收款模式的第三方支付机构。

未来，连连跨境支付将始终以卖家的资金安全为前提，帮助卖家完成资金的高效化流转，并且会为卖家搭建一套完整的跨境电商资金生态体系。

(二) 跨境电子商务人民币结算

在政府政策支持及电子商务企业商业模式创新的驱动下，我国跨境电子商务获得了迅速发展，为人民币跨境贸易结算开辟了新途径。随着2009年跨境贸易人民币结算试点的启动，在市场需求及政策层面的推动下，人民币国际化水平迅速提升，其业务范围已从单纯的货物贸易扩展到服务贸易、直接投资和境内银行境外贷款等项目，结算量显著增加。这为银行带来了新的发展机遇，同时也对银行的清算能力提出了挑战。

跨境贸易人民币结算，是指经国家允许境外分支行之间进行的业务，即境外企业在中资行境外分行开设人民币账户,特定的、有条件的企业在自愿的基础上以人民币进行跨境贸易的结算,商业银行在中国人民银行规定的政策范围内,可直接为企业提供跨境贸易人民币相关结算服务。

中国人民银行积极推动人民币国际化业务,在全球金融中心加速布局跨境人民币业务清算行。截至目前,人民币清算行已遍及全球主要国家和地区,人民币离岸市场全球布局初露端倪,越来越多的境外企业和居民乐意接受人民币。

通过跨境电子商务人民币结算具有多项优势[①],首先,跨境电子商务人民币结算可以规避汇率风险。随着人民币汇率波动幅度的不断扩大及双向波动成为新常态,跨境电子商务企业面临很大的汇率风险,而采用人民币结算就可以避免汇率波动带来的损失。其次,跨境电子商务人民币结算可以降低成本。据有关部门测算,企业办理人民币结算,可以节省汇兑费用和避险保值的费用共计2%~3%的成本;境内消费者网上购买境外商品用人民币结算也可以节省成本。最后,可以提高电子商务的结算效率。跨境电子商务人民币结算简化了操作流程,减少了汇兑环节,资金到账时间更快,可以提高电子商务资金的使用效率。

随着2009年7月跨境人民币结算的开启,人民币跨境结算的业务范围从经常项目扩张至资本项目,结算的方式也从线下扩至线上,跨境电子商务人民币结算获得政策支持。中国人民银行于2013年12月2日出台的《关于金融支持中国(上海)自贸区建设的意见》第14条意见指出,上海地区银行业可与满足一定条件的支付机构合作,为跨境电子商务提供人民币结算服务。此后,我国其他地区也进行了类似尝试,建立跨境电子商务结算制度,开展跨境电子商务人民币结算业务。

在政策许可与支持下,我国进出口贸易中跨境电子商务人民币结算开始兴起,越来越多的境外电子商务网站开始支持人民币标价和结算,面向境外买家的境内电子商务平台也为卖家开通人民币收款通道;同时,大宗商品进口通过线上交易,也实现了人民币结算的突破。

2016年10月1日起,人民币正式加入国际货币基金组织特别提款权(special drawing right,SDR)货币篮子,人民币成为继美元、欧元、日元和英镑之后第五种入篮货币。人民币跻身国际储备货币行列,国际化程度将进一步加大,未来汇率将更加稳定。目前,美国、英国、日本、韩国等多家境外购物网站已经支持直购进口模式下的人民币结算,从境内的终端进入这些境外网站,商品会以人民币标价,支付环

① 郭立甫,王素君.跨境电子商务人民币结算的兴起与发展中的问题[J].对外经贸实务,2015(4):53-55.

节则需要选择支持人民币结算的金融工具,如第三方支付平台、网上银行和信用卡等。境外电商还采用本土化战略进军中国,并凭借其全球优势,展开从其境外站点直购进口中国的业务,并以人民币支付,典型代表就是美国电商巨头亚马逊。境内消费者可以直接在美国或欧洲等境外亚马逊网站上购物,商品一律同款同价,并用人民币结算。另外,网购保税模式因其节省成本和时间受到各大电商的重视,该模式下有两个阶段涉及支付问题:一是电商提前集中采购境外商品时,可以用人民币支付;二是消费者在网上下单后通过网银、第三方支付等工具支付人民币。

当前,跨境电子商务人民币结算存在着一些问题,如跨境电子商务人民币结算收付不均衡,跨境电子商务人民币结算主要集中于进口环节,出口环节还是以美元等外币结算为主。外贸企业缺乏货币选择的主导权,出口方面在选择结算货币时相对被动,而进口方面,境外电商开始接受人民币结算,但交易商品主要集中于衣服、箱包、食品、电子产品等个人消费领域。同时,支付机构的国际化程度尚显不足。

二、 跨境电子商务融资

企业的融资方式有两类:债权融资和股权融资。

债权融资是指企业通过借钱的方式进行融资,债权融资所获得的资金,企业首先要承担资金的利息,另外在借款到期后要向债权人偿还资金的本金。债权融资的特点决定了其用途主要是解决企业营运资金短缺的问题,而不是用于资本项下的开支。

股权融资是指企业的股东愿意让出部分企业所有权,通过企业增资的方式引进新的股东的融资方式。股权融资所获得的资金,企业无须还本付息,但新股东将与老股东同样分享企业的赢利与增长。股权融资的特点决定了其用途的广泛性,既可以充实企业的营运资金,也可以用于企业的投资活动。

(一) 跨境电子商务债权融资

企业债权融资,主要包括企业向银行等金融及类金融机构借贷。由于跨境电子商务企业往往属于轻资产公司,缺乏传统企业的财务规范,有融资需求时大多难以提供实质抵押物,传统金融难以满足这种个性化融资需求,而小额贷款、民间融资额度小、利息高,实践中,中小跨境电子商务企业以基于大数据的信用金融较为常见。

有贸易行为发生的地方,就有贸易金融服务的存在。中小企业在依托跨境电子商务平台提升品牌宣传力度的同时,也通过平台信息的传递打开了销路、扩充了渠道、提高了效率,但从长远发展来看,中小企业也受到自身资金规模的限制。如果能够获得线上贸易融资支持,形成在商业银行对传统企业提供贸易金融服务基础上的渠道补充,将促进中小企业更容易地接到订单,开展业务。对于提供跨境电子商务小额信贷业务的互联网金融企业而言,其优势在于已在近年的业务经营中积累了一定的资金运营及信贷风险管理经验;而作为贸易企业线上经营桥梁的跨境电子商务平台,其优势则在于对线上企业的经营模式、结算偏好、财务状况等信息的了解和掌控,有助于提供量体裁衣式的差异化贸易融资产品。另外,跨境贸易相比于境内贸易在交易流程上更加复杂,提交的材料除去合同、发票,还会涉及货权单据等,结算和融资过程中通常离不开商业银行的参与。

跨境电子商务信用金融是在推进跨境电子商务业务发展的背景下针对线上中小贸易企业的融资补充渠道,可以借鉴银行的传统贸易融资,但并不能完全复制。传统贸易融资方式下,金融机构通过第三方物流及仓储企业提供的单据来印证企业的信用,监管融资企业的存货和应收账款信息,因此,数据的准确性、充分性和整体效率都受到限制。大型互联网金融公司凭借其手中的大数据成为跨境电子商务信用金融新贵,电商平台拥有产业链上下游的交易、物流、资金等相关数据,做到了资金流、信息流、货物流"三流合一",可以根据相关数据,更迅速地做出决策并把控风险;商业银行由于占据国际结算和传统贸易融资的优势,在转型过程中力求抢占跨境电子商务信用金融的风口。

总体而言,对平台大数据的掌控和分析应用能力是跨境电子商务信用金融成功的关键。跨境电子商务信用金融以真实存在的贸易为背景,以跨境电子商务平台为基础,对资金流、信息流、货物流进行有效把控,基于电商企业的业务模式、跨境电子商务平台的运营状况、IT系统功能架构及境内外物流仓储模式等来设计,把单个企业风险转变为基于平台大数据的供应链整体的可控风险,是一种新兴的贸易融资模式。实践中,互联网金融企业、跨境电子商务平台和传统商业银行纷纷进入跨境电子商务信用金融领域。

相关链接 5-2:中国建设银行跨境电子商务金融中心

中国(杭州)跨境电子商务综合试验区与中国建设银行总行开展战略合作,于2016年末在杭州设立总行级的中国建设银行跨境电子商务金融中心。中心成立后,率先与中国(杭州)跨境电子商务综试区线上综合服务平台实现数据直连,在此基础上全力打造"跨境e+"综合金融服务平台,为跨境电子商务客户提供包括跨境收付款、结售汇、贸易融资、国际收支申报、税费缴纳等在内的全流程、全线上一站式的跨境金融服务,真正实现关、检、税、汇闭环处理,满足跨境电子商务客户大笔数、小额化、对服务效率要求高的需求,跨境e+的相关功能已在山东、湖南等地上线。同时,建设银行还研发了跨境金通系统,实现与第三方支付机构直连,为第三方支付机构提供批量的收付款、结售汇收支申报、还原申报等服务,相关操作由系统自动完成。

中国建设银行还积极创新贸易融资服务,与中国(杭州)跨境电子商务综合试验区线上综合服务平台合作,依托交易数据挖掘,创新客户的线上信用体系,以跨境电子商务客户的结算、交易、资产等客观数据为基础,结合信用评分及风险预警分析工具,运用智能模型、大数据分析等先进理念和技术,通过对跨境电子商务客户单笔交易信息的挖掘及历史交易信息、海关基础信息、贸易融资信息等相关信息的交叉比对,为跨境电子商务客户提供从申请到审批、从签约到支用等各环节、全流程线上操作的跨境快贷服务。已为首批20家中小跨境电子商务企业提供依托综合数据的无抵押无担保融资服务。

🔗 **相关链接5-3:付税宝金融产品**

科技企业网金社研发出付税宝等金融产品,将大数据技术应用到具体的金融场景,在大数据风控基础上,为中小微跨境电子商务企业提供便捷的信用信贷融资服务。具体而言,付税宝基于包括海关提供的过往企业纳税记录等多维度信息,研究算法来评估企业的信用等级,对符合标准的企业,提供个性化授信额度,为中小微企业提供一站式、纯信用、低成本的普惠金融服务,帮助企业快速缴纳关税、顺利通关。

(二) 跨境电子商务股权融资

股权融资按融资的渠道来划分,主要有两大类:公开市场发售和私募发售。

所谓公开市场发售就是通过股票市场向公众投资者发行企业的股票来募集资金,包括企业上市、上市企业的增发和配股都是利用公开市场进行股权融资的具体形式。

所谓私募发售,是指企业自行寻找特定的投资人,吸引其通过增资入股企业的融资方式。对大多数中小企业来说,较难达到上市发行股票的门槛,私募成为企业进行股权融资的主要方式。

1. 公开市场发售

跨境电子商务企业随着业务量的做大,迫切希望走上规范发展的道路,而利用主板和新三板上市公开募集资金成为不少企业的选择。

早在 2013 年,境内从事跨境电子商务 B2C 出口的兰亭集势正式登陆纽交所,成为首家在境外成功上市的跨境电子商务 B2C 企业。而 2015 年以来,跨境电子商务企业上市风愈刮愈猛。嗨购科技、百事泰、泽尚科技、傲基电商、宝贝格子、淘粉吧、全球喵喵、有棵树、价之链等 10 多家企业在新三板上挂牌。如价之链是国际在线零售的新型电子商务企业,以外贸 B2C 电子商务运营为核心业务,目前主要通过亚马逊、eBay、全球速卖通等平台,将消费类电子产品、汽车配件、家居运动等产品销售到美国、加拿大、英国、德国、法国、意大利、西班牙及日本等 8 个国家。傲基电商(全称为深圳市傲基电子商务股份有限公司)在德国、法国、意大利、西班牙、葡萄牙等欧洲市场的电商交易额长期占据中国跨境出口 B2C 行业第一名,其以德语网站为主导,分别建立了法语、西班牙语、意大利语等小语种跨境电子商务平台,且官网业务与 eBay、亚马逊等第三方平台业务齐头并进。傲基电商自营网站的客户数量已覆盖 170 多个国家和地区,会员数超过 200 万。

2. 私募发售

跨境电子商务是最后一块没有被阿里巴巴、京东等巨头完全覆盖的电商领域,也可能是孕育可以对抗两大巨头的电商独角兽的领域,引得境内创新企业、投资机构纷纷加入跨境电子商务这块大蛋糕的争夺之中。这两年,随着国家政策支持力度的加大、跨境电子商务消费升级和互联网技术的发展,跨境电子商务不断受到投资者的青睐。2015 年,贝店 C 轮获 1 亿美元融资、洋码头 B 轮获 1 亿美元融资、辣妈帮 C 轮获 1 亿美元融资、宝宝树 D 轮获 3 亿元美元融资、淘世界 B 轮获 3000 万美元融资、蜜芽 D 轮获 1.5 亿美元融资、中粮我买网 C 轮获 2 亿美元以上融资、波罗蜜全球购 B 轮获 3000 万美元融资,加起来就已经超过 10.1 亿美元。

2016 年以来,跨境电子商务的投资则更加多元化,从最初的专注进口跨境电子商务,到更加关注跨境电子商务上下游产业链,更加聚焦跨境电子商务供应链和第三方服务。根据公开资料统计,2016 年跨境电子商务领域共发生 60 余起融资案例,其中跨境电子商务产业链服务商有 20 起,占整体融资比例的 32%,占比与平台类企业几乎持平,融资金额近 6 亿元人民币,跨境电子商务产业链服务商逐渐获得资本市场的认可与追逐,跨境电子商务产业生态也趋于多样化和丰富化,未来将诞生更多的创新型企业。

在对跨境电子商务的下一步金融支持方面,业内人士建议,跨境电子商务企业在扩大业务规模时,对资金需求量比较大,今后需更多探索股债结合或投贷联动的方式来进行支持,如在银行授信的同时,可引入风险投资基金,既满足其资金需求,又能够分担风险。

相关链接 5-4:首届跨境电子商务创业创新大赛

2016 年 3 月 28 日,中国(杭州)跨境电子商务综试区举行首届跨境电子商务创业创新大赛总决赛,旨在从全国范围内征集优质的跨境电子商务及相关产业链配套项目,搭建起全国跨境电子商务创业创新交流平台,共收到近百个跨境电子商务产业链项目。经过路演初选并邀请投资机构代表从市场、创新力、成长性、创始人特质和产业前景等五个方面综合评判,同时结合中国跨境电子商务综合试验区官微投票,最终选出 12 个项目进入总决赛。经过近 4 个小时角逐,以打造"中德跨境电子商务包裹物流专家"为目标的欧乐通国际最终摘得金奖;折疯了海淘、中云智慧获得银奖;魔筷科技、微商橙、尚贸网获得铜奖。同时,大赛还决出了最具投资价值、最具创新价值、最具发展潜力等一批单项奖。一些项目在总决赛现场受到投资人青睐。

三、 跨境电子商务保险

浏览时点购无理由退换,下单时顺带一份运费险,这几乎已是境内网购的"标配"。这些服务给消费者带来更好的购物体验的同时,也提高了卖家售后服务处理效率,降低了处理的成本。这样的服务,也是跨境电子商务当前所急需的。跨境电子商务为中国企业和消费者打开了更广阔的国际(地区间)市场,但相应的,跨境交易环节多,流程长,所蕴藏的物流、支付、技术、政策等各类风险也更多。随着跨境电子商务深入发展,保险环节引入显得尤其必要。

跨境电子商务中的买卖纠纷,由于地域、语言、风俗等差异,处理难度尤甚于境内电商,这也成为跨境电子商务卖家的沉重负担。北京华甫达信息技术有限公司,专为出口跨境电子商务企业设计推出了"描述不符险",凡因为颜色、尺寸、外观原因造成买家退货的,卖家都可获得赔付,堪称出海版的"无理由退换"服务。

跨境电子商务出口企业或卖家,尤其是跨境电子商务出口 B2C 卖家,不仅经营产品不同、经营模式不同、物流方式不同、销售对象不同,而且由于出口跨境电子商务起步时间不同,每家的出险率都不一样。传统保险公司或金融机构缺乏技术支持,没有行业历史大数据,无法根据不同频率算出灵活保险费率,也无法每个月为每个出口跨境电子商务卖家制定各自的保险费率,这种传统模式与眼下的出口跨境电子商务保险需求十分不匹配。

北京华甫达信息技术有限公司(以下简称华甫达)注册成立于 2013 年,公司核心团队由在银行、互联网金融服务 15 年的资深专家及中国人保财险、太平洋保险公司、华泰保险公司、中银保险公司专业人士组成。依托先进技术手段,设计出能够自我完善的有限元迭代数据模型,采用动态调整,每 30 天调整一次保费费率,根据出口卖家销售的不同品类、采用的不同物流方式等设置不同费率,更贴合 B2C 出口卖家的需求。目前,华甫达已与 eBay、亚马逊、Wish、俄罗斯货运航空公司、法瑞邮政、中澳邮政、进口物流等全球跨境电子商务平台系统对接并提供跨境交易、物流保险等服务,每天投保交易几十万笔,服务于中国几十万跨境电子商务卖家的同时,把中国的金融保险服务推向欧美、俄罗斯等国家和地区。

传统大宗商品出口贸易中只有集装箱的破损、丢失险,而且没有延误一天就赔付的专门保险产品。华甫达根据电商用户体验原则,设计出只要延误一天就赔偿的跨境电子商务物流险,就算延误一天保险公司也提供赔付。基于大数据,华甫达还设计出一套无需申请、系统自动理赔的全自动系统,相比传统理赔需要提交各类人证、物证、第三方证明等烦琐操作流程,不仅操作简单且理赔快速,也十分适合出口跨境电子商务资金流动快速的特性。在理赔的时候订单保会根据退款数据、退款原因全自动理赔,理赔的金额也将在 10 个工作日内到账。

面对跨境电子商务出口卖家融资需求,华甫达把预付款作为"反向"保理产品,将行业平均利润、企业迅速增长率、企业库存流转率及每笔交易中买卖方、物品交易价格、物流方式等作为参数,计算出该企业是否需要保理(贷款)、需要多少保理(贷款)。

目前,华甫达主要是为 eBay、Wish、亚马逊等电商平台的卖家提供预付款保理服务,最高额度可达 150 万元。卖家基于在平台上的过往交易记录即可获得无抵押、无担保、最高年利率 12% 的短期保理融资。

此外,为了破解跨境电子商务企业融资痛点,创新线上担保、保险等互联网金融产品和服务,中信保浙江分公司推出跨境保产品,为杭州跨境电子商务企业量身定制收款安全保障方案。

综上,跨境电子商务金融保障体系如图 5-1 所示。

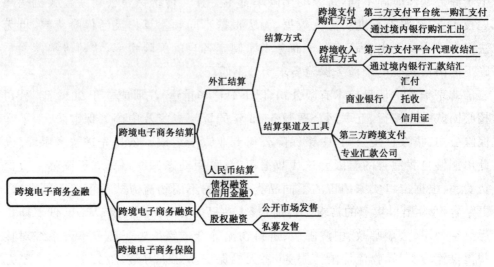

图 5-1 跨境电子商务金融保障体系

第六章　跨境电子商务综合试验区物流服务

　　物流是跨境电子商务发展的核心链条,但物流费用却占据了大量的运营成本,手续多、费种杂、费用高等众多门槛将跨境电子商务卖家拦在了全球化大门之外。而在跨境电子商务平台上很多时候卖家的投诉都是由物流原因引起的,这也影响了消费者的跨境网购体验。因此,无论从降低卖家的运营成本还是提升消费者体验的角度而言,完善跨境电子商务物流服务对跨境电子商务行业发展都是至关重要的。

一、 跨境电子商务物流发展现状

　　跨境电子商务蓬勃发展的同时,跨境电子商务物流需求也在短时间内迎来爆发式增长。跨境电子商务的快速崛起无疑为物流产业提供了巨大的想象空间,但在现有的物流服务商中,鲜有能够为跨境电子商务消费者提供个性化及标准化物流配送服务的物流服务商。此外,由于涉及各个国家地区进出口贸易政策及市场环境的差异,跨境电子商务行业从业者尚未找到一种应用范围广、成本低、效率高的跨境电子商务物流方式。

　　具体来看,目前我国跨境电子商务物流产业主要存在以下几个方面的问题。

(一) 跨境电子商务物流成本高

　　据测算,跨境电子商务的物流成本约占运营成本的20%～30%。物流价格成本、货物清关及丢包等安全成本、客户的体验成本、库存周转成本等都是卖家需要综合考虑的。跨境物流涉及国际(地区间)结算、境内物流、境内海关、国际(地区间)运输、境外海关、境外物流、物流保险等多个环节,尤其是海关和商检,操作难度和风险更高,进行有效把控并紧密衔接各个环节在无形之中增加了跨境电子商务的物流成本。

(二) 跨境电子商务物流配送周期长

　　在消费者眼里,物流好不好最直观的就是时效,但对于物流商而言,却是一个从揽件到异国(地区)配送历经两国(地区)海关的复杂链条。在跨境物流中,运输与配送时间问题突出,这是多方面原因造成的。路程远、可控性差无疑是首要原因,加上清关和商检手续烦琐,跨境物流的周期则更长。丢件、产品遭海关扣押、各种天灾人祸导致的延误让卖家们焦头烂额,止步于物流环节,这已成为制约跨境电子商务发展的一道屏障。

(三) 政治、文化、法律、海关风险

由于跨境电子商务是涉及不同关境主体的数字贸易,受目的国(地区)政治、文化、法律、海关等各种因素影响,各国(地区)相关政策差异性较大,跨境物流周期长,通关结汇流程慢。如买家国家(地区)限制进口产品、侵权产品被海关查扣,申报价值与实际不符等都是比较常见的问题。

(四) 跨境电子商务退换货难以实现

"无理由退换"几乎是境内网购的标配,而跨境电子商务中的买卖纠纷,处理难度尤甚于境内电商,退换货就成为跨境电子商务卖家的一个沉重负担。货品质量问题、丢件漏件、海关和商检的风险、配送地址的错误等一系列问题,都会导致退换货。依托专业的物流公司,能为消费者带来更好的购物体验,提高卖家售后处理效率,降低处理成本。

(五) 跨境电子商务物流基础设施有待完善

物流是跨境电子商务基础设施的重中之重,没有捷径可走。同样,跨境物流的基础设施,必须进行长期规划和前瞻性布局,才有望实现"货通天下"。目前我国发展跨境物流所需的仓储、配送、运输、报关、核税等基本配套设施还存在不足,这将制约跨境电子商务物流产业的高效运行。

(六) 跨境电子商务物流行业标准缺乏

当前,我国在跨境电子商务物流运作模式中,关于操作规范、通关程序、税收、仓储管理、企业管理等相关内容的法律化约束相对匮乏,这是制约物流运作模式构建的一个重要因素,应加快制定行业标准的步伐。

(七) 跨境电子商务物流人才不足

跨境电子商务物流企业的高效运行,需要专业的物流知识支撑。此外,从业人员还必须提高英语水平,掌握足够的国际贸易知识和国际物流知识,同时还应

打造更为规范性、高效性的跨境物流服务体系。

二、 跨境电子商务物流运作方式

以最低的费用、最短的时间、最低的风险实现货物的流转与交换是跨境电子商务物流的最终目的，然而面对琳琅满目的物流方案、物流服务商，从业人员的"选择困难症"又该犯了。考虑到时效、成本等因素，跨境电子商务市场主体都会多条腿走路，即网购保税进口、直购进口、一般贸易同时进行，但是不同品类、不同税率、不同数量、不同运输要求需采用不同的物流方式，都是非常琐碎的事情。从进口跨境电子商务物流和出口跨境电子商务物流的分类来看，目前我国跨境电子商务物流产业主要有以下运作方式。

(一) 出口跨境电子商务物流

关于出口跨境电子商务物流，跨境电子商务 B2B 一般贸易以集装箱为主，其运作模式已经非常成熟，跨境零售出口物流主要包括五种物流方式。

1. 邮政小包

（1）概述

邮政小包是跨境电子商务使用最多的物流产品，也是入门级别物流。据不完全统计，中国跨境电子商务零售出口业务 70％的包裹都通过邮政系统投递，其中中国邮政占据 50％左右的份额，中国香港邮政、新加坡邮政等也是中国跨境电子商务卖家常用的物流方式。

（2）优势

一是相较于其他运输方式，如 DHL、UPS、FedEx、TNT 等来说，有着绝对的价格优势；二是邮政线路广，基本覆盖全球。

（3）劣势

速度较慢，中国邮政到亚洲邻国需 5～10 天，到欧美主要国家需 7～15 天；另外货在链路上停留时间越长，风险越大，丢包率高；一般以私人包裹方式出境，海关统计不便，无法享受正常的出口退税。

2. 国际（地区间）快递

（1）概述

国际（地区间）快递主要是指 UPS、Fedex、DHL、TNT 这四大巨头，其中 UPS 和 FedEx 总部位于美国，DHL 总部位于德国，TNT 总部位于荷兰。国际快递对信息的提供、收集与管理有很高的要求，以全球自建网络及国际化信息系统为支撑。

（2）优势

速度快、服务好、丢包率低。四家公司在全球各有优势，中国出发，FedEx 和 UPS 的强项在美洲线路、日本线路，TNT 在欧洲、西亚和中东有绝对优势，DHL 则是在日本、东南亚、澳大利亚有优势。

（3）劣势

运费太贵，很可能比商品还贵，且资费变化较大。2018 年初始，跨境电子商务卖家就迎来了跨境物流涨价风潮，先是 FedEx 宣布 2018 年 1 月 1 日起提高运价，紧接着 DHL、UPS 等快递企业也纷纷上调运费。一般跨境电子商务卖家只有在客户强烈要求时效性的情况下才会使用，且会向客户收取运费。

3. 专线物流

（1）概述

跨境专线物流一般是境内集货后通过航空包舱方式将货物运输到境外，再通过合作公司在目的地所在国（地区）进行境内的派送，是比较受欢迎的一种物流方式。

根据目的地需求的热度，市面上热门的物流专线包括美国专线、欧洲专线、澳大利亚专线、俄罗斯专线等，也有不少物流公司推出了中东专线、南美专线。EMS 的"国际 e 邮宝"、中环运的"俄邮宝"和"澳邮宝"、俄速通的 Ruston 中俄专线都属于跨境专线物流推出的特定产品。

（2）优势

集中大批量货物发往目的地，通过规模效应降低成本，价格比商业快递低，时效上干线运输的飞行时间基本是恒定的，速度快于邮政小包，丢包率也比较低。

（3）劣势

面临集货问题，淡季可能要排队等装满飞机，大促时又可能约不到舱位，确定性相对较差。相比邮政小包来说，运费成本还是高了不少，而且在境内的揽收范围相对有限，覆盖地区有待扩大。

4. 海外仓

（1）概述

海外仓指在境外建立用于电子商务的海外仓库，货物从本国（地区）批量出口，通过海运、空运的形式储存到仓库，为跨境电子商务企业提供货品仓储、分拣、包装、派送的一站式控制与管理服务。

（2）优势

将零散的国际运输转化为大宗运输，降低企业的物流成本。卖家将货物存储到当地仓库,当买家有需求时,第一时间做出快速响应,及时进行货物的分拣、包装及派送,缩短订单周期,增强竞争力。同时,部分海外仓还兼具展销、售后服务等功能。

（3）劣势

库存周转快的热销单品适用于海外仓,否则产生滞销压货后,仓储成本和退运成本高。同时,对卖家在供应链管理、库存管控、动销管理等方面提出了更高要求。

5. 境内快递的跨国（地区）业务

（1）概述

随着跨境电子商务的飞跃式发展,境内成熟的物流公司纷纷开始布局境外,比如 EMS、顺丰均在跨境物流方面下了功夫。

由于依托邮政渠道,EMS 的国际业务相对成熟,可以直达全球 60 多个国家和地区。顺丰也已开通到美国、澳大利亚、韩国、日本、新加坡、马来西亚、泰国、越南等国家的快递服务,并启动了中国往俄罗斯的跨境 B2C 服务。

（2）优势

速度较快,费用低于四大国际快递巨头,EMS 在境内的出关能力强。

（3）劣势

由于并非专注跨境业务,相对缺乏经验,对市场的把控能力有待提高,覆盖的境外市场也比较有限。

(二) 进口跨境电子商务物流

目前适用于进口跨境电子商务的物流模式有三种,分别是网购保税模式、直购进口模式和集货模式,其中集货模式与直购进口模式很相似,可以将集货模式理解为直购进口模式的升级版。

1. 网购保税模式

（1）流程简介

网购保税模式的物流路径为：境外批量采购—国际（地区间）空运、海运等方式运输入境—保税报关—集中储存在保税区—用户下单—订单分拣、包装贴标—境内配送。

（2）模式简介

网购保税模式适用于批量采购,商家提前将货备至保税仓,由于保税仓系统平台上协同对接了监管部门,订单产生后根据前置信息可以迅速地完成清关环节。保税仓库是保税制度中应用最广泛的一种形式,是指经海关批准设立的专门存放保税货物及其他未办结海关手续货物的仓库。

（3）优点

网购保税模式的优点有以下几点。

①商家可以批量运输备货，从而节省物流和人力成本。

②通过网购保税模式进入仓库的货物可以以个人物品清关，无须缴纳传统进口贸易16%的增值税。

③从下单到收货的物流时间短，与境内网购差不多，短则当天，长的话也就三五日。

④商品质量有保证，退换货较之于其他模式的跨境电子商务也更便捷。

（4）缺点

①SKU（stock keeping unit，库存量单位）有限，从消费者层面来看，消费者只能购买到当下热门商品。

②资金回流慢，网购保税模式备货的大宗商品，短期内销售完的难度很大，一般都需要较长周期。

③商品种类严重受限，保税区对入库商品有严格的审核，海关会定期进行检查。

④监管部门在一步步摸索、制定和完善相应的监管政策，从尝试到稳定再到全面放开，对于卖家来说，政策影响很大。

（5）适合卖家

网购保税模式适合于自营模式及批量采购的卖家。

2. 直购进口模式

（1）流程简介

直购进口模式物流路径为：用户下单—境外采购—订单分拣、包装贴标—国际（地区间）商业快递或各国（地区）邮政系统—国际（地区间）空运至境内机场—货物进入海关监管仓—快递清关［国际（地区间）商业快递］或邮政清关（EMS）—境内配送。

（2）模式简介

境内消费者在跨境电子商务平台上下单后，境外卖家将商品以邮政小包或者商业快件的方式运输入境。直购模式在入境时便需要清关，但不用全部报关，海关会对商品进行抽查。由于各地海关的邮政管理信息化水平参差不齐，难以做到严密监管和严格执法，相比来说，邮政快件的被税率较低，但是从长远来说，海关对直购模式的把控会越来越严。

（3）优点

①品类无限制，无须等待资金回流。

②快递渠道,物流速度较快,丢包率低。

③邮政渠道,价格便宜,被征税概率低。

（4）缺点

邮政渠道和商业快件渠道各有以下缺点。

①快递渠道,以空运为主价格高,被税率高,并且没有专门的通道,通关不方便。

②邮政渠道,政策不确定,速度慢,丢包率高而且服务质量差。

（5）适合卖家

直购进口模式适合跨境电子商务平台及商品种类多且零散、个性化较强的卖家。

3. 集货模式

（1）流程简介

集货模式相当于直购模式的升级版。

集货模式物流路径为:用户下单—境外采购—供应商集中发货至境外集货仓—转运公司进行跨境运输—空运至境内机场—货物进入海关监管仓—通过正规方式清关—境内配送。

（2）模式简介

集货模式如今更受青睐,尤其是有实力的跨境电子商务平台,纷纷布局跨境快递业务,涉入集货模式下的国际（地区间）转运业务。在通关上,集货模式与直购模式一致。

（3）优点

①品类无限制。

②集运成本低于直购。

（4）缺点

①须有海外仓,仓租成本高。

②境外人工费用高。

（5）适合卖家

适合跨境电子商务平台及商品种类多且零散、个性化较强的卖家。

综上,跨境电商物流分类如图6-1所示。

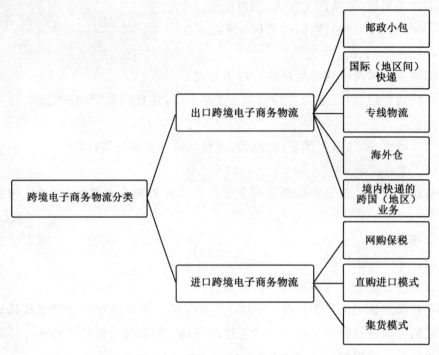

图 6-1 跨境电子商务物流分类

三、 跨境电子商务物流枢纽

跨境电子商务物流枢纽主要依托海、陆、空、铁等综合交通运输方式,承担区域间主要物流中转、交换、衔接功能,使彼此紧密协作、合理分工,拥有便捷运输联系的跨境物流设施群综合体。

中国(杭州)跨境电子商务综合试验区积极开拓货运航线,构建海陆空铁多式联运体系,加快形成跨境电子商务智能物流枢纽,促进空港、海港、陆港和信息港联动发展。2017年5月,国家发展改革委、中国民用航空局正式批复设立杭州临空经济示范区,这是继郑州、青岛、重庆、北京、上海、广州、成都、长沙后境内第9个国家级临空经济示范区。杭州临空经济示范区依托航空枢纽和现代综合交通运输体系,将加快发展以跨境电子商务、临空物流等为特色的临空产业,目前已入驻国航、厦航等航空公司,联邦快递、顺丰速运等境内外知名物流企业。杭州依托临空经济示范区,增加发往日本、欧洲、澳大利亚、美国、加拿大等空运专线,依托邮政集团开通中欧专线,相继开通杭州—新西伯利亚货运航线,依托菜鸟网络开通杭州—里加—莫斯科、杭州—列日定期洲际航线,优化提升货机腹舱带货、卡车航班模式,大力发展空港物流。

2017年8月11日,杭州服务"一带一路"发展的杭州—新西伯利亚货运航线正式首航。该航线由中国邮政速递物流股份有限公司浙江省分公司运营,俄罗斯航星航空公司执飞,运载机型为TU204C,为专用于运载浙江及部分周边省市出口俄罗斯邮件的全货机航班,目前每周三个班次往返于杭州萧山国际机场和俄罗斯新西伯利亚空港,每周三班邮件装载总量稳定在60吨以上。俄罗斯专线的开通,使得杭州至新西伯利亚国际段航运时间平均缩短3.5天。该航线的开通,打通了杭州到俄罗斯空中物流通道,深化推进杭州跨境电子商务综合试验区建设,增强了杭州萧山国际机场区域枢纽及航空物流集散功能,更好地服务于中俄贸易。

2018年3月29日上午,"菜鸟首条洲际定期航线正式开通"发布会在杭州萧山机场举行,这是全球首条专门为电商服务的洲际航线。首条洲际航线将从杭州经拉脱维亚首都里加到莫斯科。过去,跨境电子商务商品出境物流链路长、环节多,在没有洲际航线的情况下,这些货物可能分布在不同的口岸,通过不同的航空公司运营,集中效率比较低;有了洲际航线,可以将货物集中在一个地方通关操作,货物到了目的地之后,实行全链路的集中处理,效率将大大提高。目前这条航线的航班频率为一周一班,今后会增加到一周三班,一个航班大约能运送40万件包裹。接下来菜鸟还将开通至欧洲、北美、东南亚等地的航线,尽可能地覆盖世界主要消费地区,为实现菜鸟72小时全球必达的使命奠定基础。

2018年9月3日上午,一架满载着中国商品的波音747-400F货机从杭州萧山国际机场起飞,飞往比利时列日,由此,杭州赴比利时列日货机航线开通。本次开通的杭州至列日的航线每周将有两班飞机,每次装载能力超过200吨。这条航线将由阿里巴巴旗下物流企业菜鸟网络及其合作伙伴运营。这是菜鸟继"杭州—莫斯科"等航线后开通的又一条常态电商包机货运航线。欧洲是中国电商出口量最大的目的地之一。与普通的航空包机不同,电商包裹数量大,而且多为小件包裹,对时效的要求高。"杭州—列日"航线作为直飞西欧的电商洲际航线,将为中欧中小企业提供确定性的包机服务,为中小企业参与全球贸易打开通路。

中国(杭州)跨境电子商务综试区空港园区与义新欧班列合作开通铁路跨境电子商务进口,与萧山机场、东方航空、中国国航合作,打通航空干线物流通道,与上海洋山港、宁波北仑港实行跨关区合作,打造空港"无水港"。

东洲国际港是杭州市唯一的内河国际港,与宁波港、乍浦港合作,创新开展提还箱物流中心、外贸集装箱水运等模式,开通浙江省内首条集装箱海河联运航线,启动杭州地区外贸集装箱水路运输,获得 DZO 01 的国际港口序列号,成为国际支线港之一。

具体来说,海河联运通关模式,将货物经水路进口的靠泊地乍浦港搬到了内陆东洲港,成功实现了沿海、干线港功能向内陆港延伸。通过海河联运模式的创新,有效降低了企业物流成本,提高了物流效率,辐射区域企业发展。

四、 跨境电子商务物流模式演进

电子商务时代的来临,给全球物流带来了新的发展,使物流具备了一系列新特点:信息化、自动化、网络化、智能化、柔性化及绿色物流。跨境电子商务的物流除了自建供应链物流模式,还包括第三方物流、第四方物流、众包物流等。

(一) 自建供应链物流模式

1. 概述

时下,部分第三方物流企业由于经营管理不善导致服务质量低下、货物配送滞后等现象屡见不鲜,一些大型跨境电子商务巨头选择建立自己内部的物流体系,通过控制和改进物流服务资源来提高送货速度,确保物流服务质量,改善客户体验。

2. 代表企业

亚马逊 FBA(fulfillment by Amazon),卖家提前将货物备至亚马逊指定的仓库,货物销售后,亚马逊负责拣货和发货。境外买家在亚马逊下单后,如果在境内发货,时效性会非常差,客户体验不理想。为了提高服务质量和水平,境内的亚马逊卖家可使用 FBA 服务,根据销售预测先把货物通过海运、空运或国际快递等方式,较大批量地运到境外,进入亚马逊的 FBA 仓库,境外买家下单,就可以直接从 FBA 仓库发货。如美国的买家下单后,货物直接从美国的 FBA 仓库发货,相当于美国国内的快递,物流时效和质量得到了保障。

亚马逊还推出 FBA 头程服务,具体包括从境内运用各种物流方式将货物送入亚马逊 FBA 仓库,到可以上架销售的这一段物流运输及代缴税等一系列业务。FBA 更适合那些产品体积小、利润高的卖家,而其他产品优势不太明显,可能一般的美国仓储/海外仓比亚马逊 FBA 成本更低。2016 年,为了实现产地入仓,销售地出仓,以及全球物流快速调配的目的,亚马逊物流 Plus"龙舟计划"推出。这一计划改变了过去中国卖家依靠快递或者第三方海运先把货物运到美国,过关,然后再进入 FBA 的烦琐且价格高昂的物流流程,实现了在中国货物入仓,由亚马逊负责快速高效地把货运到销售国家的 FBA 仓库。通过"龙舟计划",亚马逊将打造全球运输和物流专家,实现订购、运输和交付过程的自动化,从而颠覆市场。

(二) 第三方物流

1. 概述

第三方物流是指物流服务的供方、需方之外的第三方去完成物流服务为特征的物流运作方式,是以航运或航空运输,铁路或公路运输为依托的企业所发展起来的物流。

在中国,第三方物流企业有些是传统物流企业转型而来,有些来源于境外独资和合资企业,还处在转型发展时期。

传统物流企业在跨境贸易电商化进程中同样扮演着非常重要的角色,伴随跨境电子商务市场的迅速发展,作为第三方物流的快递企业与电子商务平台、网商企业的合作日趋密切,包括信息处理、货件管理、服务创新、运输网络、海关通关、人力资源等诸多方面。

目前,中国邮政以及 UPS、FedEx、DHL、TNT 等四大国际快递巨头,以及申通、顺丰、中通、圆通、韵达等境内快递巨头纷纷涉足第三方跨境物流业务。

2. 代表企业

"万邑通"取义"万邑通商",定位为中立开放的跨境电子商务产业支持平台,为跨境电子商务提供端到端的整体供应链解决方案。早在 2014 年年底,eBay 与万邑通信息科技有限公司签署战略合作协议,致力于为 eBay 卖家量身定制全方位的供应链服务体系,以海外仓为基础、以大数据为依托、以优化买家体验为核心,为 eBay 卖家提供涵盖国际(地区间)海空运、海外仓管理和"最后一公里"派送的全套服务。目前万邑通的主要业务板块包括物流平台、金融平台及数据信息平台,在全球设立了 9 个直营仓库,服务网络遍布中国、澳大利亚、美国、欧洲等主要跨境贸易市场。

(三) 第四方物流

1. 概述

第四方物流是供应链的集成商,最早由美国埃森哲咨询公司于 1988 年率先提出,专门为供需双方和第三方提供物流规划、咨询、物流信息系统及供应链管理等服务。第四方物流并不实际承担具体的物流运作。

第四方物流有能力提供一整套完善的供应链解决方案,是集成管理咨询和第三方物流服务的集成商。第四方物流和第三方物流不同,不是简单地为企业客户的物流活动提供管理服务,而是通过对企业客户所处供应链的整个系统或行业物流的整个系统进行详细分析后提出解决方案。

2. 代表性企业

第四方物流的代表平台为菜鸟网络。随着跨境网购消费者关注点从价格转移至电商综合服务质量上来,以京东为代表的 B2C 电商重资产自建物流,改善了用户体验,在末端服务上对阿里构成巨大压力。阿里巴巴通过整合物流全产业链资源,建立分布式仓储提升全网运作效率,主导下游快递行业,借助自身商业、数据优势提升"最后一公里"服务品质。

菜鸟网络科技有限公司成立于 2013 年 5 月 28 日,由阿里巴巴集团、银泰集团联合复星集团、富春控股、三通一达(申通、圆通、中通、韵达)等共同组建。菜鸟是一家互联网科技公司,专注于物流网络的平台服务。菜鸟的商业逻辑是搭建平台,让物流供应链条上不同服务商、商家和消费者可以实现高效连接,从而提升物流效率和服务品质,降低物流成本。

目前,菜鸟的全球智慧物流网络已经覆盖 224 个国家和地区,并且深入到中国 2900 多个区县,2022 年前,阿里巴巴和菜鸟网络还将投入 1000 亿元升级全球智慧物流网络,加快实现"全国 24 小时、全球 72 小时必达"。

(四)众包物流

1. 概述

众包物流就是将原来由专职配送员所做的任务,以自愿、有偿的方式,通过网络外包给非特定的群体,这些人只要有一部智能手机和一辆自行车,在空闲时间就可以抢单、取货、送货,门槛低、时间自由,还能赚一份兼职收入。

众包物流就像 Uber 模式一样,它合理利用资源降低运营成本,不仅能在一定程度上解决"最后一公里"的难题,也解决了一批人就业问题,但是也存在一定局限性,如配送人员不够专业影响客户体验、货品的安全无法得到保证等。

2. 代表企业

亚马逊正在尝试用类似于 Uber 打车服务的模式来送货,为此推出了名为亚马逊 Flex 的项目。这个招募更多的人来帮亚马逊送货的项目,跟与京东合并的众包物流公司达达、外卖公司提供的众包配送服务相似。这些招募来的临时送货员需要到当地的小型仓库中取货,用手机扫描包裹上的二维码确认送货地点。

2015 年 9 月份起,亚马逊 Flex 项目从西雅图起步,目前已在美国拓展了 28 个城市,从 2016 年 6 月份起,亚马逊开始在 Gumtree、Craigslist 等大型分类信息网站上刊登招聘广告,在英国的伯明翰(仅次于伦敦的第二大城市)开拓亚马逊Flex项目新市场。在美国,有车有驾照且年满21岁的人都可以申请为亚马逊送货。另外,申请人还需要一台用于安装亚马逊Flex应用的安卓手机,在应用上,他们能选择工作的时长(2~12小时),查看快递订单。此外,应用上还会显示预估收入、送货路线等。这些"亚马逊Flex"车主不仅会送普通包裹,也会为亚马逊的1小时快递服务Prime Now提供服务,但后者收入会更高些,亚马逊预估为Prime Now送货的话,每小时收入在18~25美元(折合人民币约127~173元),这部分收入已包含小费。

五、 跨境电子商务物流趋势展望——社会化共享物流

以历史的眼光来看,无论是丝绸之路还是茶马古道,那些掌握"通路"能力的商人获得的利益是最大的。大多数在线交易,产品销售产生的利润很少,大量附加利润是从商品的运输和交付中获得的。物流已成为跨境电子商务行业的下一个竞争点,得物流者得天下,失物流者失人心。那么,未来的跨境电子商务物流还有哪些新模式?

2016年3月印发的《全国电子商务物流发展专项规划2016—2020年》提出,到2020年基本形成布局完善、结构优化、功能强大、运作高效和服务优质的电商物流体系,信息化、标准化、集约化发展取得重大进展,先进物流装备、技术在行业内得到广泛应用,包装循环利用水平有较大提升。其中,提高电子商务物流信息化水平成为主要任务之一,推动智能分拣系统等新兴信息技术应用,提升物流设施设备智能化水平。

《全国电子商务物流发展专项规划2016—2020年》强调对信息技术的使用,要求企业信息化、集成化和智能化发展步伐加快,条形码、无线射频识别、自动分拣技术、可视化及货物跟踪系统、传感技术、全球定位系统、地理信息系统、电子数据交换、移动支付技术等得到广泛应用,提升行业服务效率和准确性。

从全国电子商务物流规划中,未来跨境电子商务物流的发展趋势初现端倪。随着平台经济的发展,平台＋个人商业模式不断演化,仅靠专职的物流从业人员无法从根本上解决问题,跨境电子商务物流势必走向社会化共享物流之路。而实现社会化共享物流要解决的核心问题还是以云计算和大数据为基础,深度整合物流资源,线上线下共享,实现智能化管理。

中国(杭州)跨境电子商务综试区正在探索和实践以构建跨境电子商务一站式智慧物流生态体系为战略目标的公共平台——物流桥。通过把互联网、电子

商务理念引入国际物流领域,建设数字化物流市场平台,降低沟通成本,促进交易达成,最终建成一个面向跨境电子商务物流市场、提供品类齐全、地域覆盖广泛的综合物流服务并集成支付、贸易服务等功能的第三方公共平台。通俗地讲,物流桥是国际物流领域的"网上商城",外贸企业工厂及跨境电子商务卖家等类似于买家,订舱窗口、拖车企业、报关行等物流服务提供商类似于卖家。跨境电子商务企业提出物流需求,平台匹配最优质的物流供应商,并全程监督出运服务,物流服务供应商可以在平台上获得优质客户。通过整合社会各方优质物流资源,杭州综合试验区物流桥可以为智慧物流提供更丰富的产品支持,推动传统物流行业转型。

未来会有一个临界点,当人工成本超过机器成本之时,大规模迭代就会迅速发生。在仓储、分拣、干线运输和末端配送上,企业纷纷开展自动化实践。

例如,2017 天猫"双十一"全球狂欢节又一次刷新了此前保持的纪录:全天成交额达到 1682 亿元,无线成交占比 90%;全天物流订单达 8.12 亿,交易覆盖全球 225 个国家和地区。从 2009 年以来,"双十一"的订单越来越多,却越送越快。以发送 1 亿件包裹时间为例,2013 年用了两天,2014 年只用了 24 个小时,到 2015 年提速到 16 个小时,2017 年提速到 10 小时。物流大提速,是大数据社会化物流协作公司菜鸟网络利用大数据实现智能化和协同化的结果。

从物流发展现状来看,智能机器人已经进入仓储分拣应用阶段,末端配送还需时日,不过末端配送才是主要物流成本产生环节。随着大数据应用对供应链的改变,跨境电子商务物流路径和物流产业布局也在发生变化,目前包裹以从品牌商仓库发出去为主,数据打通后,未来这些货物将直接从工厂发货,做到物流路径最优,货物不动数据动。

数据显示,2017 年中国已经进入日均包裹 1 亿个的超级繁忙时代。物流行业引入智能、开放的互联网协同模式,而非传统自建模式,才能更好适应未来的物流需要。未来,物流资源将像云计算资源一样,按使用付费,每一个人、每一辆车,以及每一个闲置的仓储资源,都有可能成为物流使用的一个环节,云端物流会成为未来的主要模式,碎片化的运力仓储资源,通过互联网连接起来形成网络资源,有可能会成为重要的物流参与的环节。当然,这背后需要协同化社会网络来支持。社会化物流必然会面临交易成本难题,未来平台 1000 万商家、几百万社会物流实际操作者,如果没有协同和联动机制,是无法想象的。社会化供应链的协同本质上是信息对称问题,菜鸟已经在尝试通过打通供应链各环节数据的方式来促进联动,推动各参与方形成稳定预期。未来,这个联动机制不仅仅是技术的、数据的,更应该是规则的、机制的,通过一系列统一的规则,实现作业流程、行业服务、主体责任标准化、有效化。

　　未来,跨境电子商务物流的机遇来自服务延伸。随着跨境电子商务的深入发展,市面上叠加供应链解决方案、卖家融资服务、保险理赔等配套服务的物流服务商已经出现,跨境电子商务物流不应仅仅作为一种运作方式,还应作为商业解决方案不可缺少的一部分,推动其在商业模式上的更新和迭代发展。

第七章　跨境电子商务综合试验区人才供给

　　蓬勃发展的跨境电子商务行业,产生了对跨境电子商务人才的大量需求。跨境电子商务企业面临招人、用人、育人难,人才总量缺口大,人才结构层次偏低,人才流失频繁,人才问题成为制约跨境电子商务发展的瓶颈,必须从体制、机制上重构人才服务体系,完善人才政策和标准,大力培养各类人才。

一、 跨境电子商务人才现状及分类

(一) 跨境电子商务人才现状

　　传统中小型外贸企业转型升级、新兴的跨境电子商务经营企业高度发展都急需大量的人才,特别是兼具国际贸易和电子商务特征的跨境电子商务企业对人才的综合性需求较强。单一的专业人才培养无法满足企业对“通才”的需求,而跨境电子商务处于发展初期,各高职院校没有复合型专业针对性培养相关人才,企业很难直接招聘到满意的人才,这在一定程度上制约了跨境电子商务的发展。同时,由于跨境电子商务学科新、变化快,技能考核标准对动手操作能力要求高,要求学生毕业就能上岗,学校偏理论的教育方式在实践教育的方面达不到市场需要,在跨境电子商务人才培养方面很大程度上依赖于社会力量。

　　根据跨境电子商务行业需求,跨境电子商务从业人才应具备这四个方面的知识和能力:一是国际贸易知识和运营能力,跨境电子商务人才必须具备从事国际贸易的基本能力,如寻找客户,签订合同,选择国际物流、保险、支付方式及纠纷处理能力;二是商务英语知识和跨国(地区)交流能力,跨境电子商务人才面对的客户是全球化的,需要具备较强的英语口语、语言运用、英文写作和国际商务应用能力,能够运用英语进行客户沟通、信件往来、产品介绍、价格谈判和售后处理等;三是电子商务平台操作知识和实操能力,跨境电子商务人才不仅需要具备计算机操作的基本技能,还要能进行店铺装修、图片上传、图片描述与展示、物流设置、收付款设置、订单管理等;四是综合职业知识和技能,从事跨境电子商务业务的人员,每天面对来自世界不同国家和地区的客户,客户的生活习惯、处事风格都有所不同,要求从业人员具有良好的沟通能力和踏实的工作态度及抗压能力,并有上进心、团队合作意识和服务意识。

(二) 跨境电子商务人才分类

跨境电商人才可按需求层次和人才紧缺程度来划分。如图 7-1 所示。

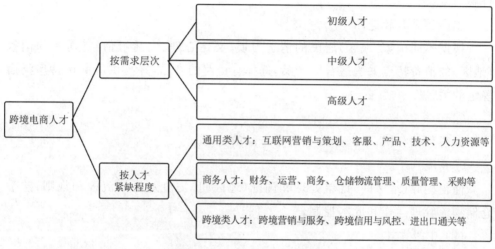

图 7-1 跨境电商人才需求

1. 按需求层次来划分

跨境电子商务人才可以分为初级人才、中级人才和高级人才。

(1) 初级人才

初级人才需要初步掌握跨境电子商务运营技能,懂得如何在各大平台进行操作,主要来自企业内部培养和外部引进,对于实操型人才的学历要求不高,一般大专水平以上即可,但须具备创新意识,能将专业知识学以致用,敢于克服困难,善于开拓市场。此类人才需要熟练掌握英语及小语种,了解境外客户网络购物的消费理念和文化,了解相关国家和地区知识产权和法律知识,熟悉各大跨境电子商务平台不同的运营规则。此类人才主要集中在客服、运营推广、美工摄影、产品采购和选品、刊登、物流领域。

①客服

熟练使用邮件、在线沟通工具,运用英语、法语、德语及小语种等和客户进行交流。由于发达国家客户普遍重视保护自身权利,企业跨境电子商务业务开展以后有可能出现投诉、退货甚至触犯知识产权等纠纷。客服尤其是售后客服还需要了解不同国家和地区法律和知识产权纠纷处理的知识。

②运营推广

运用网络营销手段进行产品推广,打开市场销路。包括活动策划、商品编辑、数据分析。既要精通互联网营销推广,又要懂得亚马逊、eBay、速卖通等不同跨境电商平台的规则。

③美工和摄影

既精通设计美学也精通视觉营销,能拍出合适的产品图片并进行合适的排版。

④产品采购和选品

根据不同国家(地区)居民的消费习惯、文化心理、生活习俗,针对不同国家(地区)的消费特点采购适合的产品,选择有销路的产品,并与供应商保持广泛而稳定的关系。

⑤刊登

懂得数据分析,掌握上传和发布产品的技巧。

⑥物流

懂得国际(地区间)订单处理和国际(地区间)物流发货的流程和规则,熟悉仓储物流管理运作和成本控制。

(2)中级人才

中级人才对国际商务活动的规律有一定的把握,掌握跨境电子商务技术知识,能胜任跨境电子商务营销服务、商业大数据分析、跨境用户体验分析、网络金融服务和跨境物流服务,要求从业人员能够针对不同需求、国家(地区)环境选择不同的平台、服务、合作方和运营策略,针对不同行业、身份的客户选择不同的验货、交货、支付、保险、物流、清关方式。

(3)高级人才

高级人才要掌握跨境电子商务前沿理论和国际贸易规则,了解境外目标市场,通晓语言和当地习俗,懂得互联网技术,拥有互联网思维方式,具有全球视角。这样的跨境电子商务人才,相当于是国际贸易、电子商务、互联网信息技术和语言等专业的"跨界通才"。

2.按人才紧缺程度来划分

根据行业特色及岗位特点,跨境电子商务紧缺人才可分为通用类人才、商务类人才和跨境类人才。

(1)通用类人才

通用类人才包括互联网营销与策划、客服、产品、技术、人力资源等。互联网营销和策划主要包括市场推广专员、市场区域经理、市场策划副总监等;客服主要包括跨境电子商务客服专员、客服主管等;技术主要包括网站编辑、网站英文编辑、UI 设计、视觉设计、平面设计、ERP 开发工程师、Java 开发工程师、NET 开发工程师、PHP 开发工程师、WEB 开发工程师、手机应用开发工程师、系统运维工程师、Linux 高级工程师、网站测试工程师、云计算开发工程师、C++ 开发工程师、搜索算法工程师、网络安全工程师、架构师、CTO 等；人力资源主要包括人事专员、人力资源经理、人力资源总监等。

（2）商务类人才

商务类人才包括财务、运营、商务、仓储物流管理、质量管理、采购等。财务包括出纳、会计、财务经理、国际财务、审计主管、财务筹划师、高级投资经理、财务总监等；运营包括内容运营专员、类目运营专员、新媒体运营专员等；商务包括商务专员、商务经理、跨境电子商务翻译专员等；仓储物流管理包括仓管员、仓储经理、供应链总监等；质量管理包括信息审核专员、品控经理等；采购包括采购专员和采购部经理等。

（3）跨境类人才

跨境类人才包括跨境营销与服务、跨境信用与风控、进出口通关等。跨境营销与服务包括跟单员、跨境电子商务单证专员、跨境电子商务 B2B 运营总监、跨境电子商务 B2C 运营总监、跨境电子商务 B2C 运营经理等；跨境信用与风控主要包括跨境电子商务风控专员、法务专员、风控经理等；进出口通关包括报关员、进出口通关员等。

二、跨境电子商务人才紧缺程度

巨大的市场需求和日益宽松的政策环境，推动了各类跨境电子商务企业如雨后春笋般涌现。无论是传统外贸企业向跨境电子商务领域发展，还是境内电商企业向跨境电子商务转型，最终都产生了大量的人才需求，而人才成长的速度远远跟不上产业的发展。这种发展的不匹配带来了相关人才缺口的问题，现有人才远远不能够满足行业的发展，行业内对相关人才，尤其是对熟悉外语又精通外贸和平台运营的人才，更有"千金易得、一将难求"之感。这势必阻碍跨境电子商务的进一步发展。

(一) 跨境电子商务紧缺人才需求目录

1. 跨境电商紧缺人才现状分析

如何实现人才开发与产业结构、岗位需求的紧密对接，提升跨境电子商务人才的竞争优势，引导和加快各类人才向跨境电子商务产业集聚，以人才结构优化助推产业转型升级，当务之急是要全面掌握跨境电子商务产业对紧缺人才的需求状况。中国（杭州）跨境电子商务综试办、杭州市商务委员会、杭州市统计局、杭州市人才服务局在对跨境电子商务人才紧缺问题全面调研之后，于2016年12月22日发布了《杭州市2016—2017年度跨境电子商务产业紧缺人才需求目录》。问卷调查通过"网络问卷＋纸质问卷"的形式，从通用类、商务类、跨境类人才三个维度，对跨境电子商务应用企业、跨境电子商务交易平台、跨境电子商务服务企业等杭州365家跨境电子商务样本企业的区域分布、企业性质、企业所处发展阶段、人员规模、销售收入、学历、年龄、紧缺人才需求情况及企业在紧缺人才引进中存在的难题进行了全面了解。

在有效样本企业中，从企业不同发展阶段对跨境电商人才的需求来看，初创期的企业占比为16％，处于成长期的企业占比为59％，成熟期的企业占比为25％。如图7-2所示。

从企业人员学历层次构成来看，硕士及硕士以上学历的员工占比为5％，本科学历的员工占比为23％，大专学历的员工占比为23％，高中及高中以下学历的员工占比为49％。如图7-3所示。

从企业人员年龄构成看，45周岁及以上的员工占比为7％，36～45周岁的员工占比为25％，26～35周岁的员工占比为42％，25周岁及以下员工的占比为26％。如图7-4所示。

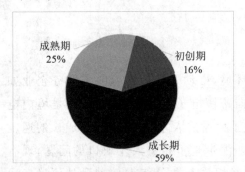

图7-2　企业不同发展阶段对跨境电商人才的需求

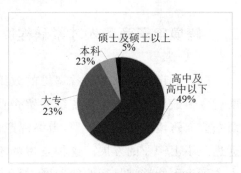

图7-3　企业人员学历层次构成

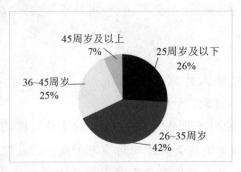

图7-4　企业人员年龄构成

从企业紧缺人才需求状况来看，61％的企业对紧缺人才的需求有明显的增加，31％的企业需求不变，8％的企业需求减少，如图7-5所示。

　　从企业对各类人才的需求构成来看，通用类人才需求量最大，占比为63％；紧随其后的是商务类人才需求，占比为22％；其次是跨境类人才需求，占比为15％。如图7-6所示。

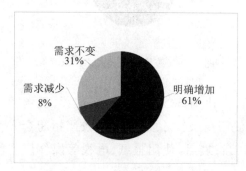

图7-5　企业紧缺人才需求状况

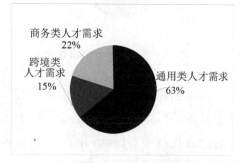

图7-6　企业对各类人才的需求构成

　　从通用类人才需求状况来看，技术类人才需求最大，为63％；相对而言，企业需求较少的为互联网营销与策划类、客服类人才，占比分别为14％和13％；人力资源类和产品类人才需求最少，均为5％。如图7-7所示。

图7-7　通用类人才需求状况

　　从商务类人才需求状况来看，财务、仓储物流管理、运营方面的人才需求较大，分别为36％、23％和20％；商务、质量管理、采购方面的人才需求紧随其后，占比分别为8％、7％、6％。如图7-8所示。

　　从跨境电商类人才需求状况来看，对跨境营销与服务类人才的需求高达78％，而对进出口通关、跨境信用与风控类人才的需求相对较小，为12％和10％。如图7-9所示。

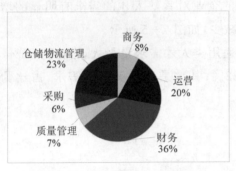

图7-8　商务类人才需求状况

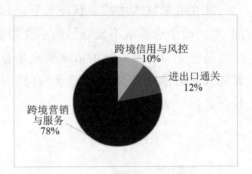

图7-9　跨境电商类人才需求状况

人才招聘渠道中,网络招聘使用广泛,占比为53%;内部员工推荐、现场招聘会紧随其后,占比分别为47%和31%;使用高级人才委托招聘、校园招聘会方式的企业比例中等偏低,分别为19%和18%;最后,使用报纸、电视等媒体广告招聘和其他渠道招聘的企业仅有7%和4%。如图7-10所示。

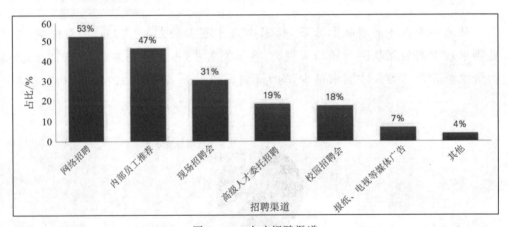

图7-10　人才招聘渠道

调查结果显示,61%的企业表示将会在未来一年增加紧缺人才的数量,31%的企业表示会维持现有人才数量,而8%的企业预计将减少紧缺人才的数量。2018年杭州跨境电子商务产业的净雇佣指数为53%,相比2015年杭州信息经济产业的净雇佣指数43%及其中电子商务产业净雇佣指数的42%,这个指数代表了杭州跨境电子商务产业对紧缺人才的招聘需求是相当旺盛的。

2.企业对跨境电商人才需求的特点

目前,跨境电子商务企业对通用类、商务类、跨境类人才的具体需求有四个明显的特点。

（1）熟悉外贸规则及平台运营

跨境电子商务发展的核心是国际贸易，调研显示跨境类人才中跨境营销与服务类人才占比78%，该类人才的较大缺口体现出跨境电子商务人才一方面需要熟知外贸规则，要有报关报检、海外仓储等跨境贸易经验，另一方面需具备国际交易平台运营能力。

（2）外语能力要求高

跨境电子商务面对的是国际平台的交易，不仅对外语水平的要求有所提升，同时所需语种的范围也有所扩大，由于贸易对象的不断拓展与增加，对外语口语及阅读、书写能力的要求均持续上升。

（3）计算机技术人才需求量大

跨境电子商务以网上交易活动为核心，以网络信息技术为基础，包括了物流配送、金额支付、信用监管等一系列支撑服务，这条产业链上需要各类人才，其中网站构建技术、网络信息技术的人才尤其受到青睐。计算机类人才在通用类人才中占比高达47.5%，该类人才满足了跨境电子商务最新的互动式网络开发的需求。

（4）重视实际操作能力

调研显示，大专及以下人才占比72%，本科及以上人才仅占了28%，总体上倾向于专科人才。

(二) 跨境电子商务人才紧缺原因剖析

造成跨境电子商务人才紧缺的原因是多方面的，杭州市在对跨境电子商务产业紧缺人才需求状况进行调查的同时，详细了解了企业在紧缺人才引进中存在的难题。大致有以下三个方面问题。

1. 缺乏对接平台，传统招聘渠道单一

调查显示，有28%的企业提到了在招聘渠道方面有困难，其中，网络招聘、内部员工推荐、现场招聘会、高级人才委托招聘和校园招聘会是企业使用最多的几种引才渠道。网络招聘使用比例最高，为53%；内部员工推荐、现场招聘会仅次于网络招聘，分别为47%和31%，其次，由于高级人才委托招聘和校园招聘会的局限性，其所占的比例相对不高，分别为19%和18%；目前使用率最低的为报纸、电视等媒体广告招聘，占比仅为7%。

具体表现为：传统的招聘渠道逐渐体现出弊端，难以全面、准确地获得人才信息，且除此之外缺乏更有效的招聘渠道。较高层次人才招聘渠道比较单一，缺乏跨境营销与服务类、软件开发类等急需的较高层次运营管理与技术人才的信息平台，很难找到合适的相关人才。缺乏跨境电子商务的专业人才引进渠道，也

缺少校企合作机会和平台,企业与人才接触交流机会较少。

2. 缺乏实践培育,人岗匹配度不高

由于跨境电子商务行业是新兴行业,开设跨境电子商务方向的学校一般都是将其放在电子商务、国际贸易、商务英语、信息管理等专业下,跨境电子商务方向的毕业生数量远远不能满足市场的需求。不仅如此,跨境电子商务产业的特殊性之一在于实操性非常强,高校学生往往缺乏具体的操作能力,出现人岗不匹配的情况,进入企业后需要较长一段时间的适应才能真正上岗。跨境电子商务企业建议政府应该加强跨境电商人才培训,引导社会优秀培训资源来促进跨境电子商务企业人才培养。目前各大高校电商专业的课程都是以普通授课的形式开展,真正的技能无法被彻底消化和掌握,而且知识和产品更新换代非常快,学生从学到知识到实际操作之间甚至跨越两到三年,再加上电商行业对实操和专业素质要求都非常高,目前亟须解决电商专业从知识到实际操作的转换问题,加快转换速度,这就需要政府的大力支持。

3. 缺乏行业标准,人才薪资期望过高

由于跨境电子商务行业的迅速发展,各类人才均处于供小于求的情况,每个单位对人才标准、技能标准和应用标准缺乏一致的意见,相关人才对此只有一个模糊概念。由于人才供需的原因,相关人才对薪水的期望也水涨船高,但究竟什么是人才、应该达到什么技能水平等并没有明确的标准。调查企业表示,目前的行业薪资泡沫大,尤其是计算机技术类人员,对待遇(薪资、股权、企业福利等)往往期望过高,甚至待价而沽,而行业缺乏规范性的薪资指导标准。

具体表现为:应届高校毕业生不断提高待遇要求,技术类人才的行业薪资存在泡沫,杭州缺乏规范性的人才标准和薪资指导标准,导致外来人才薪资预期过高。

三、 跨境电子商务人才服务体系建设

人才是创新发展的关键要素,也是跨境电子商务发展的核心竞争力之一。跨境电子商务产业发展,需要高端管理人才;跨境电子商务平台建设,需要开发运营人才;传统外贸企业和制造企业转型升级,需要电商营销人才。

跨境电子商务人才的培养、引进、服务过程中表现出的人才供给能力不足、结构不合理、高层次人才缺乏、人才培养体系不完善、人才建设政策碎片化等问题,成为跨境电子商务主体的引进、培育和发展壮大中的制约因素,必须整合政府、高校、培训机构多方资源,加快跨境电子商务人才政策、标准的制定,人才的引进、培养和使用。在跨境电子商务人才服务体系建设方面,中国(杭州)跨境电

子商务综试区在全国率先做了探索。

(一) 创新人才制度供给

为加快形成跨境电子商务产业人才竞争优势,2016 年,中国(杭州)跨境电子商务综合试验区出台《杭州市跨境电子商务人才队伍建设实施意见》,其中明确指出,到 2018 年,引进行业领军人物 30 名左右,培养优秀跨境电子商务产业人才 1000 名,新设企业 1000 家,见习、实训大学生数量超过 10000 名,开展跨境电子商务相关知识、技能和政策培训 10 万人次,提供就业岗位 50000 多个。

为实现上述目标,杭州从高端人才引进、跨境电子商务人才储备、社会化培养、公共服务体系建设等方面抓好跨境电子商务人才的"选拔、引进、培养、使用和服务"。

在加快跨境电子商务人才储备方面,中国(杭州)跨境电子商务综合试验区鼓励在杭高校启动跨境电子商务新兴专业申报;鼓励在杭高校在物流管理、国际贸易实务、报关与国际货运、国际商务、商务英语、市场营销等专业设置跨境电子商务方向;在现有小语种专业基础上,鼓励在杭高校增设适应跨境电子商务发展需求的其他小语种专业。以实施大学生创业三年行动计划为抓手,推进杭州大学生开展跨境电子商务创新创业。启动跨境电子商务大学生创业实训项目,提高大学生跨境电子商务领域的就业创业能力。鼓励跨境电子商务企业与高校建立"双主体育人、双导师教学"的联合培养机制,鼓励在杭高校依托跨境电子商务方向的学科或专业联合企业共建跨境电子商务研究机构。

中国(杭州)跨境电子商务综合试验区重点实施杭州市跨境电子商务杰出人才培育计划,建立跨境见习、实训基地,开展跨境电子商务企业高端培育工程,联合阿里巴巴建设跨境电子商务人才培育基地,与亚马逊联合培养高校师资力量等 13 个重点项目。

(二) 创新人才服务平台

跨境电子商务人才培养,需要整合各方资源。2016 年,中国(杭州)跨境电子商务综合试验区联合浙江省对外服务公司(以下简称浙江外服)启动建设中国(杭州)跨境电子商务人才港(以下简称人才港),依托政府优势,借助阿里巴巴、亚马逊和浙江外服等平台,本着"共创、共建、共享"的建港方针,由政府引导、市场主导、高校合作、企业参与,集聚政府、高校、科研院所资源、企业动态需求,通过联合培养、孵化培训、调研咨询、人事管理、猎聘测评,创建具有杭州特色的跨境电子商务政产学研一体化的创新人才服务平台。

中国(杭州)跨境电子商务人才港,以"创建全国领先的跨境电子商务人才标准,创建全国领先的跨境电子商务人才大数据中心,创建国际化的跨境电子商务人才创业创新培养体系"为目标;以跨境电子商务人才集聚的优势,吸引跨境电子商务产业的集聚;以跨境电子商务人才供给的加快,推动跨境电子商务产业的发展;以跨境电子商务人才生态的优化,打造跨境电子商务产业的生态。

在人才培养方面,人才港通过实施本科生、专科生联合培养项目,每年为中国(杭州)跨境电子商务综合试验区输送大量的跨境电子商务(含进口和出口)骨干人才和基层人才。

在猎聘测评方面,人才港整合各类猎头资源,开展联合校园招聘。通过建设跨境电子商务人才网迅速集聚现有跨境电子商务人才资源,通过人才测评系统评估,为中国(杭州)跨境电子商务综合试验区跨境电子商务企业在最短的时间内招到合适的人才。

在培训孵化方面,人才港根据中国(杭州)跨境电子商务综合试验区内跨境电子商务岗位共性需求制定多岗位孵化方案,按照基础等级不同研发三套(速成、短期、中期)孵化体系,岗前孵化总体划分营销类、运营类、商务管理类和技术类四个职种方向。

在人事管理方面,人才港为中国(杭州)跨境电子商务综合试验区各类企业提供人事行政管理外包服务以简化入驻企业人事工作流程,降低入驻企业管理成本,提升入驻企业行政人事管理效率,实现入驻企业效益最大化。

(三) 创新人才标准体系

为系统性地解决人才供需矛盾,全面推进跨境电子商务人才的专业化、标准化培养,杭州跨境电子商务综试办提出制定中国首个《中国跨境电商人才标准》,并于 2016 年 12 月 22 日在"潮起钱塘·第一届全球跨境电子商务峰会"之"跨界·融合·共创——全球化视野下的跨境电子商务人才高峰论坛"上发布。

《中国跨境电商人才标准》旨在搭建普通教育、继续教育和职业培训之间衔接和沟通的桥梁,形成终身教育体系。《中国跨境电商人才标准》以用为导,立足企业实际岗位需求,是国内首个分层次、分领域实现资历架构的人才标准,首个贯通人才、课程、企业与院校的标准体系。《中国跨境电商人才标准》将利用大数据、矢量关联、深度学习等技术,有效满足人才标准的快速发展、企业应用、动态跟踪、区域匹配的需求,实现资历架构、课程资源完全共享,以及实训标准化。

《中国跨境电商人才标准》包含产业人才白皮书、跨境电商人才标准、跨境电子商务产业人才大数据平台三个部分。从领域来看,《中国跨境电商人才标准》覆盖了国内主流大中小形态的关键人才需求,包含资历岗位 115 个,能力单元

462 个,能力节点 15 万个,细分为跨境、通用、商务等三大领域 16 个子领域。从学历教育来看,《中国跨境电商人才标准》覆盖了从中职、高职、专科到本科、硕士和博士的人才培养体系,在企业应用中被归为基础级、运营级、管理级、战略级等四级。

《中国跨境电商人才标准》将在以下方面展开应用：①解决跨境电商人才结构问题,培养企业实用人才,为其他行业领域人才培养树立可借鉴模式；②利用标准连贯性和体系性,推动高等教育跨境电商人才培养转型；③通过集聚政府政策、企业需求、高校教育、社会资源四大优势,推动联合培养、孵化培训、猎聘测评、人才交易等服务；④推动标准深化建设,在"管办评分离"模式下,推动跨境电商人才评价服务和园区规划服务；⑤推动跨境电商产业人才大数据平台建设,实现创新的一体化跨境电商人才服务。

(四) 创新人才培育机制

跨境电子商务行业的快速发展带来了对跨境电子商务人才的迫切需求,对高校而言,既是机遇也是挑战。

2016 年 5 月,杭州市跨境电子商务综试办联合杭州师范大学钱江学院设立跨境电子商务学院和杭州市跨境电子商务实训基地。杭州师范大学钱江学院率先创建跨境电子商务学院,在电子商务专业设置"跨境电子商务方向"进行全日制本科人才培养,实施跨分院联合培养的创新性人才培养模式改革,同时面向在校生开展专业方向培养、分模块培养、创业班,面向社会开展跨境电子商务培训,力争每年在校内培养 100 名创业型跨境电商人才、400 名运营型跨境电商人才,同时面向社会培训 500 名以上跨境电商人才。

杭州市跨境电子商务综试办、阿里巴巴和高校依托各自优势,联合启动"跨境电子商务人才培育基地"建设。基地整合实训项目、兼职岗位、金融服务、货源供应商、第三方服务商、企业客户等各方资源,为在校大学生搭建一个实训、实习及创业的基地,承接人才孵化、电商服务孵化、创业孵化需求,形成跨境电子商务人才定制化培养的校企合作机制；引进境内外知名培训机构,鼓励社会培训机构开展跨境电子商务人才培训,构建跨境电子商务专业化、社会化、国际化人才培养体系。杭州电子科技大学、浙江工商大学、浙江外国语学院等 7 所高校成为首批中国(杭州)跨境电子商务人才培育基地。同时,组建由跨境电子商务龙头企业负责人、跨境电子商务研究学者,关、检、汇、税等职能部门处室负责人及专业能力强的涉外法务、税务等人员构成的跨境电子商务就业创业导师团,为跨境电子商务企业提供政策咨询、法律服务、业务指导等服务,形成常态化、可持续化的服务机制,帮助企业规避风险、依法经营,高效开拓国际(地区间)市场。

2017年10月,浙江13所跨境电子商务相关高校,10家跨境电子商务平台、企业、中介机构联合发起成立了全国首个中国(杭州)跨境电子商务人才联盟,杭州跨境电子商务综试办与浙江省教育厅为联盟指导单位。联盟下设中国(杭州)跨境电子商务学院、中国(杭州)"一带一路"跨境电子商务国际交流中心、中国(杭州)跨境电子商务研究院、中国(杭州)跨境电子商务人才港、中国(杭州)跨境电子商务众创空间等五个机构,分工开展跨境电子商务人才工作。2017年11月24日,杭州市跨境电子商务综试办与浙江工商大学举行战略合作签约仪式,中国(杭州)跨境电子商务学院同时揭牌成立。中国(杭州)跨境电子商务学院是中国(杭州)跨境电子商务人才联盟的下设机构,承担跨境电子商务高校人才培养、跨境电子商务人才研修班、跨境电子商务人才高峰论坛、跨境电子商务师资队伍建设、跨境电子商务人才对接会等工作职责。在实践中,中国(杭州)跨境电子商务学院将对跨境电子商务人才开展分层次培养,夯实三级人才梯队。处于第一梯队的是领军人才培养对象。学员主要是杭州市重点制造企业(年产值超过10亿人民币)、中国(杭州)跨境电商综试区范围内重点跨境电子商务企业的董事长、总裁、总经理等高管。培养课程融合了线上线下模式,除理论课程、实地考察、联谊活动等线下课程外,还安排线上交流活动。处于第二梯队的是精英人才培养对象。这些学员是杭州市跨境电子商务企业骨干、高管,是行业发展的中坚力量,拥有一定的潜力。课程在产业发展、品牌战略、团队管理、股权融资、国际物流、知识产权等方面提升学员专业知识的同时,结合案例分析、实地考察交流、现场教学等环节全方位提升学员的综合实操能力。人才成长工程培育的则是第三梯队的人才。课程设置基于《中国跨境电商人才标准》,聚焦跨境电子商务专业技术和知识,从时代背景、政策导向、运营思维、资本结合等方面全方位提升学员的综合素质。

(五) 创新人才引进机制

推动跨境电子商务人才集聚,需要经常性举办各类招才引才活动。中国(杭州)跨境电子商务综试区积极拓宽人才招聘渠道,创新招聘模式。举办杭州市跨境电子商务企业人才专场招聘会等招聘活动,吸引跨境电子商务人才;定期举办大学生跨境电子商务技能大赛和创业大赛,通过以赛代训,吸引全省乃至全国优秀的跨境电子商务人才创业团队脱颖而出,构建创业型人才引进机制。发挥政府所属人才机构在人才服务中的优势和作用,提供就业创业、人才招聘等公共服务,同时大力发展人力资源服务产业,提升人力资源服务水平,为跨境电子商务企业和人才提供更全面、更优质的人才人事服务。

第八章 跨境电子商务综合试验区衍生服务

国际贸易数字化的发展使得贸易更为便捷、智能,成本更低,效率更高,机会更加均等,大大促进了国际贸易信息流通方式的变革。随着大平台、大生态的发展,跨境电子商务的资金、技术、人才、服务在物理空间上产生集聚,服务的专业性要求更高,跨境电子商务已经发展到从追求数量到追求质量的转变,深层次的需求正在被挖掘和满足。跨境电子商务在快速发展的过程中,逐步衍生出与跨境电子商务发展相关联的一系列服务形态,如与线下产业园区相关联的商务配套服务,为第三方提供报关、报检、退税、结汇的外贸综合服务,工商注册、人才培训、创业孵化、风险投资、品牌注册、法律咨询等创业服务,跨境收款、出口信用保险、供应链融资等金融衍生服务,搜索引擎、社交媒体广告推广、IT 技术软硬件搭建等数据衍生服务,以及 QC(quality control,质量控制)在线质检、行业协会、研究咨询等其他相关服务。

一、外贸综合服务

外贸综合服务企业,实际上是从传统的外贸代理发展而来的,中小企业出于简化流程、节约成本的考虑,将出口环节委托给代理公司来完成,但是中小代理公司往往在业务操作上很不规范,存在出口骗税风险。

近年来,外贸综合服务企业快速发展,通过创新商业模式,运用互联网、大数据等技术,为广大企业提供对外贸易专业服务,但其身份定位、责任要求却一直没有得到正名。2017 年 9 月,商务部、海关总署、税务总局、质检总局、外汇局等五部门,联合下发了《关于促进外贸综合服务企业健康发展有关工作的通知》,首次明确了外贸综合服务(以下简称外综服)企业的定义,为有关部门出台政策措施提供了前提。

相关政策
链接 8-1

现阶段,外综服企业是指具备对外贸易经营者身份,接受境内外客户委托,依法签订综合服务合同(协议),依托综合服务信息平台,代为办理包括报关、报检、物流、退税、结算、信保等在内的综合服务业务和协助办理融资业务的企业。《关于促进外贸综合服务企业健康发展有关工作的通知》指出,外综服企业是代理服务企业,应具备较强的进出口专业服务、互联网技术应用和大数据分析处理能力,建立较为完善的内部风险防控体系。

外贸综合服务企业是外贸业务模式的创新,是以整合通关、收汇、退税、物流及融资、保险等国际贸易供应链各环节服务为基础,支持中小微企业发展的外贸综合服务新型业态,其模式对于壮大外贸主体队伍、降低企业贸易成本、促进外贸转型升级具有重要意义。

相关链接 8-1:一达通外贸综合服务平台

阿里巴巴一达通,是阿里巴巴旗下外贸综合服务平台,通过线上操作及建立有效的信用数据系统,一达通一直致力于持续地推动传统外贸模式的革新,为中小企业提供专业、低成本的通关、外汇、退税及配套的物流和金融服务。

由于一达通参与了全程的贸易,掌握了真实有效的贸易数据,在 2014 年,阿里巴巴集团全资收购了一达通,并将一达通列为阿里巴巴打造外贸生态圈中的重要组成部分。基于这些贸易大数据的应用,阿里巴巴集团开始打造信用保障体系,为境外买家的生意保驾护航。

除此之外,加入阿里巴巴后,一达通也开始更茁壮地发展。在其原有产品线外,一达通还与中国 7 家主要商业银行合作,根据中国供应商的出口数据提供纯信用贷款的金融服务。在物流方面,通过整合船公司和货代资源,一达通为客户提供安全及价格 100% 透明的整柜拼箱服务。

目前,一达通的产品主要包括出口综合服务、金融服务、物流服务三方面。

出口综合服务主要指一站式通关、外汇、退税服务,同时满足下述三个条件后,在 3 个工作日内,一达通可先行垫付退税金额给实际开票方:①外汇款收齐。②若为阿里巴巴一达通报关,报关放行即可;若为客户自行报关,则结关状态为已结关。③增值税发票核票无误。

金融服务方面,有流水贷、超级信用证、保单贷等产品。

流水贷面向使用阿里巴巴一达通出口基础服务的客户,以出口额度积累授信额度的无抵押、免担保的纯信用贷款服务,该服务由阿里巴巴联合多家银行共同推出,助力中国外贸中小企业的发展。无抵押,免担保,最高可融资 200 万元,利率低,年化最低至 10.8%。

超级信用证是一达通针对出口企业在信用证交易中面临的主要问题推出的综合金融服务,服务涵盖信用证打包贷款(出货前)、信用证基础服务、信用证融资/买断(出货后)三大服务模块,可按需灵活选择,任何涉及信用证交易的客户,均可适用。专家团队审证、制单,满足条件即可买断收汇风险,另外发货交单后最高可申请 100% 提前收款,提供一站式信用证管家服务。

保单贷,即有保单,就能贷,只要有出口信用保险单,一达通就可提供贸易融资贷款,通过备货融资、尾款融资等一揽子金融服务。中国出口信用保险公司提供买家回款保险,保障货款安全收回,阿里巴巴提供尾款融资服务,加速资金周转。

物流方面,一达通联合各大物流服务商,提供船东专区 & 海运整柜 & 拼箱服务,可在线查询船期、订舱、操作环节等,同时提供拖车、报关服务,散货还有目的港送货到门等增值服务。已开通上海、宁波、深圳、大连、天津、青岛、厦门、广州八大起运港。海运整柜已基本全航线覆盖,如欧地线、中东印巴线、东南亚线、日韩线、澳大利亚线、非洲线、美加线、中南美线。海运拼箱服务开通了东南亚、欧地黑、中东、南美等地,以及美国、加拿大、澳大利亚、日本、韩国、印度、巴基斯坦等国的航线。

二、 技术及数据服务

跨境电子商务是数字化的贸易形态,也是用数据驱动的贸易方式。在纷繁复杂的大数据中发现简单易行的业务机会离不开技术及数据服务。参加展会、等待询盘等被动的销售方式已经不适应全新贸易方式,运用大数据选品、寻找目标客户、分析趋势进而引导生产及研发已经在行业内有了不少成功的案例。

智能化是大数据服务的重要指标。面对需要处理的海量数据,工具智能化程度就必须更高,这样就能在提高工作人员工作效率的同时节约时间和资源。人性化是一款产品或者服务未来能走得远的前提,数据服务功能设计应能让使用者更快、更精准地找到自己想要的数据信息。同时,也能让不太懂技术的跨境电子商务从业人员快速上手,从而在有限的技术条件下完成更多的工作。数据的可视化是目前数据展现的最好方法,让用户对自己关注的事情一目了然。对于对数据一窍不通的人来说,可视化是用户了解数据最方便快捷的方法。同时,可视化提取出来的数据,可以将数据的各种属性通过图表直观呈现出来。

跨境电子商务技术及数据服务包含了人工智能、智能搜索等技术创新;数据订制、数据挖掘、数据处理、趋势分析等内容。目前最为典型的技术及数据服务是 Google AdWords 数字营销服务。同时,一些互联网创业型公司和物流公司抓住跨境电子商务数字营销行业细分热点,从事行业公开数据的挖掘、处理和趋势分析,推出各自的营销工具,如由深圳市海邑跨境电子商务物流有限公司打造的海外仓智能分仓系统,可根据订单邮编及收件人城市名等智能分配到最近的仓库分拣出库履行订单,大幅度缩短商品到买家手上的时间,提高了跨境电子商务购物体验感。

相关链接 8-2:Google AdWords 杭州体验中心

> 谷歌是全球数字营销的先行者。每天,全球有高达 30 亿人次运用谷歌搜索,触达 200 多万网站,连接全球 190 多个国家和地区,覆盖全球高达 97% 的互联网用户,谷歌拥有搜索、视频网站、Gmail 等众多数字营销工具,可以帮助企业实现市场重构、利润提升和品牌再造,创造了不同于传统外贸的新价值。
>
> Google AdWords 是 Google 于 2000 年推出的数字营销自助服务平台,利用数字营销"精准"的优势,在恰当时间和恰当位置,通过恰当设备(台式机、笔记本电脑、平板电脑及手机),向目标群体呈现高度相关的推广信息。
>
> 2017 年 6 月,Google AdWords 杭州体验中心正式启动,由杭州峰澜信息科技有限公司运营。以体验中心为依托,杭州跨境电子商务企业可以借助谷歌广告技术及大数据优势,为跨境电子商务企业提供网站运营、广告精准投放等境外服务,助力杭州打造"互联网+跨境电子商务"产业集群,推动杭州制造向杭州品牌升级。
>
> 除了为外贸企业提供全球营销解决方案外,Google AdWords 杭州体验中心还会定期举办海外营销培训、各种论坛、经验分享等活动。计划在未来三年每年举办不少于 40 场专业培训讲座,培养 200 名跨境电子商务专家,培育 1000 名优秀的大学生种子选手,服务 3000 家跨境电子商务企业。

三、 跨境电子商务法律及知识产权服务

跨境电子商务的发展使企业足不出户就能把产品销往世界各地,但也可能遭遇来自世界任一地方的侵权诉讼或者被侵权,商标、专利等知识产权领域更是成为跨境电子商务遭诉的高发地。产品商标被抢注,店铺被封;商家被不法分子"钓鱼"打假,损失惨重;遭遇专利流氓的攻击,产品被下架……这些都是因为没有提前做好知识产权保护和布局,以致遭受巨大损失。

跨境交易往往涉及两国(地区)甚至多国(地区)之间的法律法规,除了法律法规的差异,语言障碍、高昂的法律成本等形形色色的难题给企业的出海之路设置了障碍。因此,专业的法律服务对每一家企业、每一起案件都至关重要。

大企业有自己的法律顾问,商品出口前会有意识地进行知识产权的布局,包括商标注册、专利申请等,而一些跨境电子商务中小企业因为品牌意识薄弱、运营成本有限等诸多原因忽视了知识产权,最终自食苦果。

除了专业的律师事务所及法律顾问,近年来,"互联网＋法律"已经成为跨境电子商务中小企业的新选择。以 2016 年 10 月上线的国内首个知识产权综合服务平台跨知通为例,其主要业务就是为中国制造及跨境电子商务卖家提供国际商标注册、专利运营保护、海外公司注册、品牌包装设计、税务代理记账、科技项目申报、法律终端诉讼等一站式跨境电子商务法律服务。

企业在开展跨境电子商务出口业务前需做好知识产权保护措施。想要在国际市场上不受侵权的困扰,首先要学会检索与自己产品相关的专利或商标,以判断自己是否存在侵权的风险,从而更好地规避风险,保护自己。另外,无论应对何种纠纷,防范风险还需要提前熟悉市场。在开拓相应国家或区域市场时,要提前做好应对工作,了解当地的政策及法律要求,一旦发生纠纷,可通过协商、诉讼或仲裁的方式解决,但是一定要注意证据的保存。

四、 跨境电子商务税务服务

跨境电子商务相比境内电商复杂性高很多,其中税务问题也涉及两个国家(地区),复杂程度更高。

VAT 是 value added tax(增值税)的简称,它是在欧盟境内广泛存在的,针对商品或服务在流通环节增收的一种消费税。随着各国(地区)跨境电子商务相关政策的成熟及各平台的实践探索,阳光化是税务服务的必然趋势。

自 2017 年 4 月 1 日起,亚马逊的直销商品在全美各州全面收缴消费税,但对第三方商户没有强制要求,而从 2018 年 1 月 1 日起,亚马逊开始对其在华盛顿州的第三方卖家代为征收销售税,据业内人士分析,其征税范围还将扩展到美国其他州。

2017 年 12 月 5 日,欧盟内部关于电子商务 VAT 的改革方案获得通过,新规规定年跨境交易额不足 1 万欧元的欧盟企业,可直接在自己的国家(地区)申报缴纳 VAT。此外,新规取消了 22 欧元的免税额度,以整治 VAT 诈骗。2017年年底,德国税务部门一举查封亚马逊上近 100 个中国在线商户账号并没收了商品,让不少跨境电子商务卖家交了"学费"。

大部分成熟的卖家已经通过市场上税务服务商完成了税号注册。税务服务商一般提供跨境电子商务境外公司及个人 VAT 注册、VAT 申报、品牌商标注册、税务规划及建议、会计及财务管理服务、企业季度年度报表、税务上报、审计、资金流动预测分析等服务。

除了第三方服务,跨境电子商务平台为完善自身生态链,逐渐介入税务服务。2018年2月,亚马逊上线增值税服务,帮助非欧盟地区卖家在亚马逊平台中完成增值税注册、申报和提交,400欧元/年/国家(起价),目前在英国、德国和捷克开通了该项服务。

市场上琳琅满目的服务商令不少卖家无从下手,选择税务服务关键还是要考虑安全性和便捷性。如果卖家对于目标市场的税务政策不熟悉,错入行业里不正当经营的公司之中,后果将不堪设想。目前,境内卖家的习惯性思维是如何交更少的钱,总想打擦边球。虽然会减少税务成本,但是整体而言,这增加了企业的运营风险,因为你永远不知道税务局什么时候会查到你的账户。一旦查到,那么就只能放弃账户或者交纳税收、罚金或滞纳金等。

五、 跨境电子商务在线质检服务

影响中国制造竞争力的最大制约因素就是成本和质量。劳动力和原材料成本的大幅上升,因生产质量问题而造成的索赔纠纷、订单返工,甚至给中国制造打上粗制滥造的标签,这成为中国外贸及跨境电子商务进一步发展的制约因素。

境外采购商要确保在境内采购的商品符合要求,常用的方法不外乎三种:一种是到验货阶段从境外飞来,一种是境内设立办事处,还有一种是就是委托 SGS(Société Générale de Surveillance,通标标准技术服务有限公司)、ITS(Intertek Testing Service,天祥集团)等第三方认证检测机构。前面两种方法人事成本和差旅成本都非常高昂,而第三种办法经常是在产品生产完毕后再采用,当发现问题时往往为时已晚,给生产企业和采购商双方都造成巨大的损失。

专业高效、方便快捷、透明诚信、高性价比是品控服务追求的目标。针对上述痛点,结合"互联网+"和"共享经济",浙江先合技术服务公司打造了第三方网约 QC 品控服务平台贸点点。平台连接了 50000 多名专业 QC 人员及境外采购商、境内贸易商等全球贸易上下游企业,只要企业在平台上下了单,可以就近匹配 QC 上门,提供验货、质量问题解决、验厂、监装等全程品控服务。服务过程可以通过移动端全程监督,下单方、QC、工厂之间还可以相互评价。目前平台上集聚了 50000 多名专业 QC 人员,遍布境内 2000 多个县、市,服务范围覆盖服装纺织品、轻工工艺品、机电产品、五矿化工、食品土畜、医药保健品、高新技术产品等行业。

相关链接 8-3：中国(杭州)跨境电子商务综合试验区跨境电子商务创新服务行动

中国(杭州)跨境电子商务综合试验区于 2017 年 4 月 21 日启动了以"E 揽全球"为主题的跨境电子商务创新服务行动,以征选全球百项跨境电子商务创新服务项目为工作主线,加快跨境电子商务服务资源集聚杭州,帮助杭州企业转型升级,全力推进国际网络贸易中心建设。

E 揽全球跨境电子商务创新服务行动,从 2017 年 4 月启动持续到 10 月底,分为项目征选、项目实施和绩效评估三个阶段。通过征选百项全球跨境电子商务创新服务,组建一批跨境电子商务服务团队,服务全市万家外贸和制造企业,支持和帮助杭州企业在供应链、品牌、人才等各方面适应互联网时代国际贸易发展要求,扩大中国(杭州)跨境电子商务综合试验区线上综合服务平台及各交易平台的应用,努力构建具有全球影响力的跨境电子商务大数据中心。

跨境电子商务生态圈里,既离不开政务服务,又要有平台和买家、卖家,还要有渠道服务、技术及数据服务支撑,同时,随着跨境电子商务服务的专业化、细分化发展,各种第三方服务也不断涌现。创新项目征集主要从"政务服务、平台服务、渠道服务、技术及数据服务、其他支撑服务"等五大方面展开。中国(杭州)跨境电子商务综合试验区以"E 揽全球"跨境电子商务创新服务行动为契机,通过面向全球的公开征选,吸引跨境电子商务各个领域的优秀创新服务集聚杭州开展生动实践,与跨境电子商务交易企业、传统外贸和制造企业充分对接。自 2017 年 4 月底启动以来,"E 揽全球"跨境电子商务创新服务行动在跨境电子商务业界掀起了一股强劲风潮,不仅集合了谷歌、亚马逊、阿里巴巴、Wish 等业内知名大咖,更广泛吸引了各细分、垂直行业的专业企业和团队,呈现出百花齐放、纵深发展的态势。活动共收到了来自 15 个省(区、市)及美国、法国、泰国、荷兰等 14 个国家 331 个创新服务项目。这些项目涉及政务方面的关、检、汇、税及跨境进出口报关、物流、法律、营销投放等产业链各流程环节,具有创新性、前沿性、实效性和引领性,成为推动跨境电子商务产业体系制度创新、流程再造、环节优化、服务升级的强劲动力。中国(杭州)跨境电子商务综合试验区联合龙头平台、第三方服务机构等市场服务主体,组建专门服务团队,采取面谈、沙龙、分片区对接会、千人大会等形式,为杭州企业提供跨境电子商务信保、物流、金融、培训、法务等全产业链服务,将创新项目快速在杭州进行实践,向更多企业提供优质的跨境电子商务生态服务,提升优化跨境电子商务的生产链、贸易链、价值链。

相关链接 8-4:"E揽全球"创新项目展示服务平台 Ebox

作为"E揽全球"跨境电子商务创新服务行动的实施载体之一,依托中国(杭州)跨境电子商务综合试验区的"E揽全球"创新项目展示服务平台 Ebox 于 2017 年 7 月正式上线。经过专家评审组层层筛选,最终从 331 个项目中筛选 164 个入围的创新项目,在平台上发布、展示、提供对接服务。

通过丰富的项目汇集和精准高效的信息推送、对接及多元功能模块的开发应用,"E揽全球"创新项目展示服务平台为跨境电子商务企业提供一站式服务。目前,平台已经实现以下功能。

第一,项目查询、业务预约和评价。企业可在该平台上按需挑选自己想要的服务,点开即可了解项目详情,选中后可预约、对接,还能根据服务和实施成效给项目打分。系统将实时跟踪项目应用和评价情况,运用大数据分析行业需求特点,精准推送服务,推进项目优化,进一步提升服务跨境电子商务企业的能力和水平。

第二,"云上微展"和"需求大厅"。"云上微展"在线直播中国(杭州)跨境电子商务综合试验区的各类跨境讲座、培训;"需求大厅"除了平台上线项目外,企业可在该板块上发布需求,由服务商提供个性化定制服务。

第三,特色服务。该板块已上线了由中国(杭州)跨境电子商务综合试验区和中外运联合打造的"物流桥"项目,为跨境电子商务企业提供全球范围内的 B2B 综合物流在线服务,一期产品包括空运普货、海运整箱、海运拼箱和出口报关等服务,涵盖了 82 家海运公司、200 家航空公司,可抵达全世界 4000 多个港口。

截至 2017 年 10 月,平台浏览量超过了 140 万。未来,平台还将不断持续丰富、深化功能,实现各类数据的沉淀和应用,成为中国(杭州)跨境电子商务综合试验区大数据平台的功能"窗口"和展示平台,着力构建成为具有全球影响力的跨境电子商务大数据中心。

第九章　跨境电子商务综合试验区产业发展

跨境电子商务是"互联网＋外贸"新业态，无论是顶层设计的重构、监管模式的再造、商业模式的创新及金融、物流、人才服务的供给，最终目的是要促进跨境电子商务产业水平的提升。国务院总理李克强在多个公开场合提到，跨境电子商务不是简单的"国内老百姓买国外商品"，是大量的企业进出口业务，是用"互联网＋外贸"，实现"优进优出"，带动实体店和工厂的发展，同时，也会有力地促进就业。国务院常务会议提出，要用跨境电子商务新模式为外贸发展提供新支撑，最终使外贸更好地适应新形势，赢得新优势。当然，提升跨境电子商务产业水平，最终形成一定的产业集群和交易规模，特别是要扩大其在中国外贸中的份额占比，需要推动传统企业转型互联网外贸，促进产业发展的集群化和线下园区的生态化。

一、传统企业转型互联网外贸

近年来，全球互联网技术飞速发展，境内网络基础设施不断完善普及，网络快速应用通道伸向了经济发展的各个角落，越来越多的企业借助互联网外贸获得了更加广阔的发展空间。与之相反的是，在互联网模式下，传统外贸企业原有的市场份额在不断减少，商业模式、贸易渠道受到不同程度的冲击，迫切需要转型互联网外贸。

传统外贸企业和制造企业转型互联网外贸过程中，根据各个企业的不同实际，有些企业选择转型做电商平台，有些选择做应用型企业，但是要想取得成功，并非轻而易举之事。互联网外贸模式下的业务发展需要物流、营销、采购、网络和电商技术等紧密结合，所需要的人才也是综合性的，而传统企业的专业人才和经验缺失；传统企业在互联网外贸模式下的营销和服务虽然有产品、品牌等优势，但要在网络环境中将优势发挥出来需要一定的运营和时间，在进入互联网外贸领域初期，难免会面临巨大压力，处于相对劣势地位，且缺少耐心；习惯于面对面交易的传统企业对虚拟的网络环境了解不深，企业管理上缺少互联网思维，企业投入巨大却收效甚微，发展得好的跨境电子商务平台中，从境内电商发展而来的居多。因此，对传统外贸企业和制造企业而言，转型互联网外贸要想取得成功,并不是只有自建跨境电子商务平台这一路径,选择在第三方跨境电子商务平台上线从事跨境电子商务也不失为明智的选择。

(一) 推动企业"触网"上线

互联网就是利用技术尽可能把任何时间、任何地点的所有人、所有事情都联结在一起。在线,是任何一个企业转向互联网外贸必须经过的一个步骤。以杭州为代表的跨境电子商务综合试验区选择与第三方跨境电子商务平台合作,推动传统外贸企业和制造企业上线经营。同时,国务院批复同意设立第二批跨境电子商务综合试验区的文件更是明确提出要以跨境电子商务 B2B 发展为重点。

2015 年 7 月以来,中国(杭州)跨境电子商务综合试验区联合阿里巴巴集团,开展了促进互联网外贸发展、做大做强跨境电子商务 B2B 专项行动,通过上门走访、业务培训、政策解读、企业沙龙等活动,引导传统外贸和制造企业上线经营,帮助传统企业实现电商化、在线化、直接化,构建独具特色的"政企合作杭州模式"。2015 年当年,专项行动共对接走访和培训传统外贸企业和制造类企业 5500 家,仅在阿里巴巴国际站上经营的杭州企业数就超过 3500 家,新增有实绩的企业 1534 家。2015 年,杭州跨境电子商务交易规模达 34.64 亿美元(2014 年不足 2000 万美元),出口 22.73 亿美元,进口 11.91 亿美元。跨境电子商务为企业加快转型升级提供了一条现实可行的路径,发展跨境电子商务 B2B 已经成为外贸企业稳增长、促转型的重要突破口。

(二) 提升线上交易能力

2015 年的第一轮做大做强跨境电子商务 B2B 专项行动带来的直接变化,就是在中国(杭州)跨境电子商务综合试验区点燃了推动传统外贸企业和制造企业上线经营这把"火",运用互联网开展国际贸易越来越成为杭州企业的自觉行动。2016 年开展的第二轮深化做大做强跨境电子商务 B2B 专项行动,继续坚持原有的政企联动推动传统外贸和制造企业上线经营的成功模式,着眼于全面提升企业的线上交易能力。

在第二轮深化做大做强跨境电子商务 B2B 专项行动中,中国(杭州)跨境电子商务综合试验区积极顺应互联网和大数据发展的新趋势,坚持政府端与市场端并进,全面降低交易成本,提升企业线上交易能力。政府端方面,中国(杭州)跨境电子商务综合试验区积极鼓励企业运用线上综合服务平台实现通关便利,在便利通关、金融支付、退税结汇等方面陆续出台便利化举措。如在通关便利化方面,实现跨境电子商务 B2B 出口通关作业无纸化,支持 B2B 出口通过线上综合服务平台向口岸管理相关部门一次性申报,实行企业分类管理,对诚实守信企业适用较低查验率;在检验检疫方面,在 B2B 出口业务上探索云管理模式,实现各地检验检疫机构数据共享,监管指令可以从申报地畅达生产地检验检疫机构,实现异地监管,提高放行速度,生产企业在杭州局辖区的,出口工业品类做到随报随放,以事先和事后检验监管为主,事中不再进行检验监管;在外汇管理便利化方面,简化名录登记手续,调整业务办理流程,允许 A 类外贸综合服务企业货物贸易收入免于进入待核查账户,简化 A 类外贸综合服务企业贸易信贷报告,允许人工批量报备数据,进一步推进支付机构跨境外汇支付业务试点,提高支付机构货物贸易单笔限额;在提高退税效率方面,提升跨境电子商务企业分类管理类别,缩短企业退税时间,开展"互联网+便捷退税"创新试点,实现出口退税业务全程网上一站式办结,提供退税绿色通道,对跨境电子商务企业出口退税指标提供保障。市场端方面,中国(杭州)跨境电子商务综合试验区通过联合阿里巴巴平台建立信用保障专项资金,以"大数据+保证金"的方式,通过政府信用背书的方式,放大信用保障额度,为企业进行线上交易履约担保,累计为 3260 家企业提供 9.1 亿美元信保资金池,企业信保额度提升至 31.7 万美元。这些基于真实贸易的数据沉淀下来,就可以看到一个企业的信用,就好像淘宝天猫的卖家一样,有交易记录、信用评分和评价,而这是中小企业的信用凭证和财富,为企业带来真金白银的订单金额提升。

在政府端与市场端共同推动下,2016 年,中国(杭州)跨境电子商务综合试验区 6000 家企业实现上线经营,超过 4000 家企业有了新的订单。杭州跨境电子商务实现出口额 60.60 亿美元,比 2015 年增长 166.7%;进口额 20.52 亿美元,比 2015 年增长 72.3%。

(三) 改造企业互联网基因

推动传统企业上线经营、提升企业线上交易能力只是第一步,改造传统企业的互联网基因是长久之计,需要从市场拓展、质量提升、服务优化和品牌培育等多个层面,帮助企业全面提升互联网外贸核心竞争力。如图 9-1 所示。

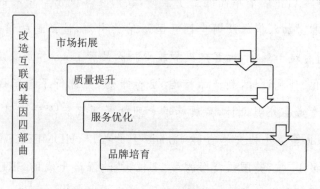

图 9-1 改造互联网基因四部曲

1. 市场拓展

以前的传统外贸,通过传统展会的方式进行营销,都是单向传播。互联网是一次影响深远的技术革命,所有的交流都是双向的,而且是实时的,不是滞后的,互动让卖家实实在在可以接触到客户,并且对他们进行直接服务。在市场拓展方面,既要综合运用 Facebook、Google 等社交营销和数据营销及 VR(virtual reality,虚拟现实技术)、AR(augmented reality,增强现实技术)、网红直播等营销手段和工具,提升客户的用户体验,实现精准化点对点服务,打造让客户尖叫的跨境爆品;又要健全网上信用体系,推广跨境电子商务平台信用保障服务,提升外贸企业和制造企业的线上交易成功率。

◉ 典型案例

鸿迪卫浴

鸿迪卫浴连续三年保持 200% 以上增长

"信用保障+品牌营销"让这家老牌卫浴企业登上了美国、加拿大热销榜

鸿迪卫浴有限公司(以下简称鸿迪)位于萧山瓜沥,在传统外贸走向低迷时,鸿迪的"85后"新掌门人丁葛峰从 2012 年年底上线阿里巴巴国际站,并于 2015 年成为阿里巴巴在线信用保障服务的第一批用户。

在丁葛峰看来,信保是交易记录,也是评价体系,更是买家的交易保障,从根本上解决了消费者与卖家的信任问题。"信保不仅帮我们垫资,而且还帮我们引来更多的客户,与此同时,我们免费报价客户的机会也更多,而这些流量在其他平台上,是要靠钱砸出来的。"

"我很庆幸自己在这个年代遇上了信保,我们在享受出口便利的同时,也获取了更多客户资源。"加入信保及阿里巴巴国际站的引流,让鸿迪的信用保障额度不断提升,也是因为这个额度,大客户更加放心。除品牌 Logo 和形象定位外,丁葛峰从平台页面优化、外观设计,到产品标准、目标市场,都进行了重新规划,他力主由美国设计师负责产品外观设计,品质标准参照的是更高标准的家具行业。鸿迪还加大在 Facebook 等境外社交平台和 Google 上的推广,HOMEDEE 品牌进入了加拿大热搜榜的第 14 位、美国热搜榜的第 17 位,鸿迪卫浴上线的 SKU 达 200 多种,其中 100 余种是常年畅销款。截至 2016 年 10 月,鸿迪接到阿里巴巴信保订单 90

笔以上,金额超过 300 万美元。逆势上扬的鸿迪,现在的烦恼已不是接不到订单,而是要加大产能,加快物流发货速度,提升服务。

鸿迪的销量连续三年高速增长。2013 年,该公司的跨境电子商务 B2B 销售额为 300 万元,2014 年达到 1200 万元,2015 年则增长至 2600 万元。2016 年通过阿里巴巴国际站平台,该公司的跨境 B2B 销售额达到 6000 万元。2017 年通过阿里巴巴国际站的信保订单达到 2000 万美元。

2. 质量提升

企业通过发展跨境电子商务,依靠快捷、高效的互联网平台和国际物流,直接面对全球各个国家(地区)的客户,在电子商务平台上展示产品并与境外客户交流,能够快速捕捉和响应客户需求,及时研发适应市场需求的新产品,提升产品创新能力,并最终赢得线上客户的青睐。实践中,企业应根据自身产品及特点,首先明确卖什么、卖给谁、怎么卖,即产品是否适合在互联网平台上销售,其消费人群都是哪些,如何卖给目标人群;其次根据对产品的综合评估,清晰定位,找出自己产品质量中存在的问题,加大研发投入,不断地加以改进。

◉ 典型案例

金盟道路设施
技术创新推动市场创新
全球第 3 家通过 CE 认证的复合材料窨井盖生产企业

杭州金盟道路设施有限公司(以下简称金盟)主营窨井盖及特种建材,由于工艺技术较为简单,最初采取低成本竞争策略,产品质量与国际水平存在明显差距。

2010 年,从浙江理工大学毕业的董成龙接手金盟时,昔日辉煌的"金盟窨井盖"正在走下坡路,在杭州地区的市场占有率从原来的七八成跌掉了一半,董成龙心急如焚。境内窨井盖市场鱼龙混杂,低端产品恶性竞争,有些小企业为了节约成本,偷工减料,以致频频爆出窨井盖的质量问题。比如易碎问题,有些窨井盖甚至指甲一抠就破,更不用说承受车轮碾压的重力了。董成龙决心将窨井盖搬上互联网,做起了跨境电子商务。

从零起步的董成龙,邀请同学组建了团队,建立产品网站,配上中英文介绍,又借助阿里巴巴国际站、中国制造网等平台,向外宣传推广金盟生产的窨井盖。很快,当年年底,第一笔来自保加利亚的订单从网上飞来……

随着电商团队组建完成,境外销售网络不断铺开,而境外客户对产品品质的要求和期望也越来越高。董成龙开始调整思路,将重心从发展成熟的电商平台转向以研发为中心,打造新的产品研发团队。

2012 年,董成龙召集业内精英和高校专家组建了研发团队,通过不断整合技术,减少工艺流程,提高企业效益。

金盟借鉴境外窨井盖先进的设计理念,不断完善自己产品的外形与功能,推出很多全新的产品,研发创新优质产品200多个。金盟和上海大学合作,尝试碳纤维等高强度材质,进行原材料创新试验,增加产品的耐磨性和抗压强度。金盟运用跨境电子商务拓展境外市场,通过与境外客户的直接沟通,基于市场的需求,企业不断改进模具设计、产品设计和生产管理,积极开展自动化生产设备研发,提高生产效率,有效抑制粉尘。

金盟的一个重要境外市场是欧盟。欧洲是复合材料窨井盖的发源地,考虑到企业的可持续发展,董成龙积极推动产品升级,研发出更高强度的复合材料窨井盖,同时有意识地为创新技术申请专利或认证,培育和激励公司的创新能力。

2015年,金盟通过国际CE认证(CE标志是一种安全认证标志,被视为制造商打开并进入欧洲市场的护照),成为全球第9家通过CE认证的窨井盖企业,就复合材料而言则是中国唯一一家、全球第三家通过CE认证的窨井盖企业,另外两家分别在英国和美国。

凭着对市场的准确观察及对电商的不断探索,董成龙成功将金盟窨井盖推广到境外,跨境电子商务销售额不断增长,2016年金盟窨井盖跨境电子商务业务收入达到700万美元。

3. 服务优化

跨境电子商务的链条很长,从信息发布、客户询盘、交易达成、通关监管到物流运输、退税结汇,直至货物到达客户手中,所经历的环节很多,如果每一个环节服务都很到位,都能提高一部分效率,那货物到达客户的时间就会提前。在优化服务方面,主要包括政府端的通关监管服务、市场端的外贸综合服务及物流端的海外仓服务。

实践中,通过将关、检、汇、税等监管部门集中到"线上综合服务平台"提供服务,可节约货物的通关时间;通过委托一达通、融易通等外贸综合服务平台提供报关、报检、金融、退税等"一站式"综合服务,可以克服跨境电子商务企业专业知识不足、人才缺乏等困难;建立公共海外仓,可以为用户提供比拟本土物流的购物体验。

◎ 典型案例

杭州圣德义塑化机电有限公司

墨尔本建海外仓,eBay开账户

年跨境B2C销售额800万美元

"80后"的张毅是杭州圣德义塑化机电有限公司(以下简称圣德义)的总经理。这是一家落户在杭州建德市,有着25年螺丝批工具生产、经营经验的生产型企业。与大部分同类企业一样,张毅的工厂刚开始走的是OEM的道路,订单来时,工厂就忙不过来,多的时候甚至交不出货,但等到把工人、设备等都配置上去了,订单又没了。

为了摆脱这种"受制于人"的局面,张毅下定决心走品牌化道路。从2004年起,张毅先后在境内外注册了SEDY(圣德义)、ETERNAL、NORVSAYP三个品牌,打开了低、中、高各个档次的品牌市场。与境内许多传统外贸转型跨境电子商务的企业略有不同的是,圣德义"触网"的起点,从澳大利亚开始。

2000年,圣德义以当地华裔超市为切入口,开辟澳大利亚市场,并在当地注册成立子公司。一次偶然的机会,张毅了解到了网络购物这一渠道,由此打开了他通往互联网商业世界的大门——2013年,圣德义澳大利亚子公司在eBay上注册了第一个账号,正式开启了跨境电子商务之路。张毅非常重视店铺整体包装设计和品牌形象建设,在厂区内自设了摄影棚用于产品拍摄,每年还花费三四十万元聘请专业美工。

早在2010年,圣德义在墨尔本租下了一个1200平方米的仓库,前台办超市零售,后仓用于产品仓储,推动本地化产品销售。随着澳大利亚市场的逐步打开,出于业务扩展需要,2014年,圣德义买下了2800平方米的海外仓。

基于前期品牌建设、平台运营及海外贸易所积累下的经验和资源,从2015年开始,圣德义开始发展公共海外仓,不仅为境内企业提供租仓业务,还提供清关运输、仓储管理、库存管理、物流配送、售后服务、线下体验、终端市场售后服务等为一体的全系统服务。此外,圣德义海外电商企业还协助合作伙伴推广销售。

这套线上线下相结合的"跨境电子商务+公共海外仓"运营模式,为圣德义开拓出新型商业模式,实现由做产品向做渠道的转变。2015年,圣德义公共海外仓为境内81家企业提供海外仓储服务。2016年,圣德义计划在墨尔本再建8000平方米海外仓。

圣德义先后在eBay、亚马逊、Wish、速卖通、敦煌五大平台上开通了账号,由专业团队负责运营。2016年,圣德义通过跨境电子商务B2B2C,实现销售额800万美元。

未来几年,张毅希望将在澳大利亚探索出的"跨境电子商务+公共海外仓"模式,复制推广到美国、德国等全球跨境电子商务贸易发达的国家,实现全球布局。

4. 品牌培育

今天的时代,是以消费者定位,而不是以产品定位的时代。科技发生的巨变,也使消费者行为发生巨变。互联网颠覆了零售业的销售模式与消费习惯,中间商面临巨大挑战。仅靠跨境电子商务,仅仅进行价格竞争,救不了中国制造。如何在保持核心竞争力的同时又能适应巨变的时代呢?答案就在于"互联网+品牌"。从某种程度上说,互联网只是工具的创新,推动品牌出海才是根本出路。

中国(杭州)跨境电子商务综合试验区出台跨境电子商务品牌三年行动计划,与亚马逊全球开店战略合作,实施首批"百家中国品牌线上走出去"行动。

◉ 典型案例

森帛

"二次创业","90后"大学毕业生以品牌取胜
做到速卖通服装品类顶级卖家

位于杭州余杭临平的森帛服饰有限公司(以下简称森帛)是一家年轻的企业。2015年1月,陶弘璟和另外三位合伙人王赛、张伟和沈慧红,凑齐了30万元的资金,创立了森帛。4人之中,1990年出生的陶弘璟算是最"老"的一个,就是这样一家领导层全是"90后"的企业,在创立第一年就实现了跨境B2C销售额1000多万元人民币。

陶弘璟和王赛都是从浙江理工大学毕业的,陶弘璟学的是国贸,王赛学的是设计,在创立森帛之前,两人曾合开过一个品牌策划公司;而张伟和沈慧红都是速卖通卖家出身,有丰富的电商实操经验。这样的组合,使森帛自带"互联网+"时代的基因属性,森帛从创立之始就摒弃低价倾销策略,而坚定地走品牌化道路。

陶弘璟说,有人形容当前的跨境电子商务市场为"柠檬市场",大家都在卖差不多的东西,买家不知道买到手的东西到底价值如何,只愿意付出平均价格,卖家为了抢夺市场打价格战,以压缩成本来争取利润。陶弘璟坚信,优质的质量和服务才是消费者肯买你产品的核心因素,所以一定要走品牌化道路。

作为初创期的跨境电子商务企业,森帛的产品通过像速卖通、亚马逊这样的第三方跨境电子商务平台销售,不过,森帛并不是通过在平台上注册尽可能多的账号来增加销售,而是在每一个平台上只注册一个账号,锁定目标人群,深耕自主品牌。比如森帛最早用的品牌Simplee Apparel,瞄准的就是18~30岁的年轻白人女性,主打度假风;新推出的另一个品牌,则走夜店风,迎合30岁以上的深肤色轻熟女。

森帛的策略是以品牌覆盖人群,实现差异化竞争,不卖所谓的爆款,不跟风市面上现有的款式,森帛销售的服装款式全部由公司团队设计。公司有设计师5名,每年更新春夏和秋冬新款各400款左右。依靠精细的目标受众群分类、展现个性和品位的产品设计与严格的品质把控,森帛在以低价为主的跨境电子商务服装市场里拓展了新路。

目前,森帛在速卖通上的店铺粉丝数达到了46万人,90天内的回购率达到了15%左右。森帛的价格卖得比别人高,也卖得比别人好,在同类企业里,是难得的高售价又能跑量的企业,已做到了速卖通服装类的顶级卖家,2017年的跨境B2C销售额超过1亿元,仅速卖通平台销售额就超过5000万元。

二、产业发展的集群化

跨境电子商务发展,最终要与实体经济相结合,推动块状经济发展,通过跨境电子商务与传统产业的融合,实现传统企业转型升级,扩展中小企业发展空间,为经济发展提供新动力,推动外贸企业和制造企业突破传统对外贸易中的品牌垄断、渠道垄断和价格垄断,把传统对外贸易中的中间市场转换成终端市场、贴牌市场转换成自主品牌市场、中低端市场转换成中高端市场。随着"跨境电子商务＋产业集群"战略的推进,互联网外贸将更加深度服务实体经济,跨境电子商务未来甚至有可能改变我国制造业的发展模式。

在推动跨境电子商务产业集群发展方面,浙江和杭州走在了前列。2016年,浙江省政府出台了跨境电子商务产业集群培育相关意见,从主体培育、模式创新、品牌打造、产业链构建、境外物流配送和营销服务体系建设及监管服务创新等方面着力,推动浙江省一批外向度高、国际消费市场潜力大的产业集群和优质产品大力发展跨境电子商务;争取到 2020 年,全省 50 个以上产业集群形成符合自身特点的跨境电子商务发展模式和较完备的产业体系,建立境外销售自主品牌和渠道,实现产业集群跨境电子商务出口额 50 亿美元以上。

相关链接 9-1：杭州服装跨境电子商务产业集群

在经济步入新常态背景下,杭州服装产业通过"互联网＋外贸"实现转型升级,形成新兴的跨境电子商务产业集群。

杭州的服装板块主要位于拱墅、江干、下沙及余杭良渚、乔司、临平一带,规模体量大,块状经济特色明显。"杭派"女装的概念大致出现在 1996 年。20 世纪 90 年代初,正值中国服装业产升级的初始阶段,在杭州,中国美术学院、浙江理工大学、浙江科技学院等院校服装系毕业生白手起家,从几台缝纫机做起,自己设计、裁剪、制作,走上了创业之路。之后,一个个"夫妻店"式的女装铺面逐渐升级为专卖连锁店,众多品牌如雨后春笋般出现。据统计,杭州当时已有女装生产企业 2000 多家,形成了庞大的女装产业群,在杭州形成了四季青服装批发市场、龙翔桥服饰城等女装销售集散地,以及江干九堡,余杭乔司、临平、良渚一带服装加工基地,业界将这个时期的杭州女装统称为"杭派"女装。

近几年来,杭派女装加快品牌提升速度,从传统的大批量生产向集约型发展转变,注重品牌的个性内涵和时尚感,吸取国际名品的设计理念、销售计划和运作管理经验,形成了杭州女装品牌环境的大提升,催生了一大批诸如江南布衣、爱尚亲、秋水伊人、千百惠、歌莉娅、伊芙丽、蓝色倾情等全国知名女装品牌,为杭州成为国际时尚之都做出了贡献。

当然,电商来袭,价格透明、去中间化……在种种模式冲击下,杭州服装产业呈现出两极分化态势,一批全国知名品牌如秋水伊人、伊芙丽、蓝色倾情等迅速借助天猫等境内电商平台做大做强。一些线下的服装批发市场,如杭州四季青服装一条街,自2012年起出现了商铺空置的情况。牵手互联网"大佬"抱团触"网",筑高产业链上游的设计研发力、将触角向终端渠道延伸,传统服装批发市场纷纷探寻转型升级之路。

自2013年以来,与传统服装批发市场的低迷相比,从事跨境电子商务销售的服装企业业绩呈现几何式增长态势。

在中国(杭州)跨境电子商务综合试验区,以浙江子不语电子商务有限公司、浙江执御信息技术有限公司、全麦电子商务有限公司、杭州安致电子商务股份有限公司、富阳朗威贸易有限公司、杭州森帛服饰有限公司为代表的服装跨境电子商务产业集群正在形成。浙江执御信息技术有限公司是一家面向中东的垂直型跨境电子商务B2C(企业对消费者)平台,成立4年来,平台用户数和业绩呈几何式翻番,所开发的购物APP"Jollychic"用户超过了3500万,销售额三年来以年均300%以上的速度增长。在"海湾六国"中,Jollychic的市场占有率排名第一。浙江子不语电子商务有限公司(以下简称子不语)总经理华丙如从大二起开始创业,于2013年开始从事女装跨境电子商务销售,利用Wish、eBay、亚马逊、速卖通等平台进行跨境B2C全网营销,产品主要销往俄罗斯、美国、巴西等地,涉及100多个国家和地区。仅3年多时间,子不语就实现爆发式增长,销售额以年均100%以上的速度增长。杭州森帛服饰有限公司位于临平跨境电子商务产业园,公司2015年1月成立,创立第一年就实现跨境B2C出口额1000多万元人民币,2017年实现1亿元以上的跨境电子商务出口额。杭州安致电子商务有限公司(以下简称安致)是中国(杭州)跨境电子商务综合试验区首批进行合规化改造的跨境电子商务公司,以生产和销售休闲服装为主,产品包含成人男装、女装、户外用品等。安致通过"国际化品牌+数据""驱动+社交化运营"的创新运营模式,产品销售渠道覆盖欧洲、美国、日本、加拿大等多个发达国家和地区,日出货量峰值达15000件,2016年实现1亿元的销售额,2017年达到了1.7亿元人民币的销售额。除了执御、子不语、森帛、安致外,中国(杭州)跨境电子商务综合试验区还有一大批服装企业运用亚马逊、Wish等平台从事跨境电子商务。据估算,中国(杭州)跨境电子商务综合试验区服装跨境电子商务产业集群年交易额已是百亿元级人民币规模。

这两年,在中国(杭州)跨境电子商务综合试验区,涌现出一大批跨境电子商务行业巨头,如以天猫国际、网易考拉、贝店为代表的进口母婴、保健品、化妆品跨境电子商务平台,以同富日用品、泛亚休闲用品为代表的户外休闲用品企业,以鸿迪卫浴、守中家居为代表的家居卫浴企业,以巨星科技、圣德义塑化机电、勇华电器为代表的建材五金企业,以柳桥家纺、贝贝家纺织品等为代表的纺织用品企业等,形成了一批跨境电子商务产业集群。2017 年,杭州跨境电子商务进出口总额达到 99.36 亿美元,比 2016 年同期增长 22.5%;其中出口额 70.22 亿美元,比 2016 年同期增长 15.9%;进口额 29.14 亿美元,比 2016 年同期增长 42.0%,杭州有超过 8000 家企业运用跨境电子商务实现新发展。

三、 产业园区的生态化

过去很多年,传统企业为了在市场中立于不败之地,要从生产、制造、出口、结汇、营销等各个环节打造属于自己的差异化竞争力,而今天的时代更加互联网化,对于跨境电子商务企业来讲,能把关键的节点做深做透就不错了,剩下的环节可以通过生态的力量,给自己赋能,来增加综合竞争力。

当前,跨境电子商务应用型企业,在上线经营时需要就近获得电商平台的培训和指导,还需要得到金融、物流、第三方代运营企业的业务服务,委托外贸综合服务平台帮助进行报关、报检、退税、结汇,与跨境电子商务相关的设计、摄影也可以交给第三方去完成。只有这样,企业才能尽可能地做企业擅长的事情。将非核心业务就近外包,这是很多企业选择集聚发展的原因。

实践中,不少地方政府选择提前搭建好平台和载体,吸引跨境电子商务上下游及关联企业入驻,形成跨境电子商务产业园区的集聚形态。在园区建设中,政府不仅要做好硬件,如写字楼的建设、商务休闲设施配套,更重要的是提升软件服务,加快跨境电子商务产业链上下游企业引进,行政审批、业务培训、商务洽谈、法律咨询等"一站式"服务体系建设,金融、物流、人才等创新创业要素的集聚,只有这样,才能构建起产业园区的线下小生态。

未来的市场竞争,不仅要关注产品竞争、技术竞争,更要关注"生态"竞争,只有建立互联互通、共生共荣的生态圈,有了全方位、全要素、全产业链支撑的跨境电子商务生态系统,才能赢得竞争优势。

相关链接 9-2：中国(杭州)跨境电子商务综合试验区线下产业园区

中国(杭州)跨境电子商务综合试验区根据不同区、县(市)的资源禀赋和块状经济特色,科学规划、高起点布局、分阶段推进,推动跨境电子商务产业错位发展、各显优势、协同并进。下城园区以建设"跨贸小镇"为目标,发展跨境电子商务直购进口、一般出口和跨境电子商务O2O等新型业态,集聚26个国家和地区产品主题馆,一条街可以轻松购遍全球;以网购保税进口为主的下沙园区聚集天猫国际、网易考拉等全球知名电商平台,创新实践特殊区域出口模式;空港园区发挥保税物流中心和临空经济示范区的双重优势,开启中欧跨境班列和跨境宠物食品进口。临安立足绿色照明、纺织用品等产业优势建设跨境电子商务产业园区,园区一期于2015年8月11日开园,二期于2016年12月开园。目前,一期入驻全满,入驻企业74家,其中平台和第三方服务企业10家,经营性跨境电子商务企业64家;二期签约入驻企业31家,入驻率为60%,集聚了如亨特电器、大拇指清洁用品等本地优势企业。萧山依托毗邻杭州主城区的优势和羽绒、卫浴等传统产业特色,建设萧山开发区产业园和新塘产业园,萧山开发区产业园开园运行不到两年,跨境电商进出口规模已实现每年100%以上的增长速度,园区运营方与巴西最大B2B门户网站B2Brazil在圣保罗以合资的形式成立商务服务中心,积极拓展巴西市场。各大线下产业园区纷纷集聚跨境电子商务物流仓储、金融支付、人才培训、协会商圈等资源,为入驻企业开展注册登记、企业孵化、风险投资、知识产权、品牌推广等综合服务,构建跨境电子商务产业园区线下小生态。

目前,中国(杭州)跨境电子商务综合试验区"一核一圈一带、全域覆盖"的线下产业园区发展格局已经基本形成,13个线下产业园区集聚企业2500多家,成为中国(杭州)跨境电子商务综合试验区跨境电子商务产业集聚的主平台。

中国(杭州)跨境电子商务综合试验区围绕"规划科学合理、基础设施齐全、服务政策清晰、产业集聚明显、生态体系健全"标准,组织开展标杆产业园区创建行动。积极总结线下园区的建设经验、优势特色,围绕打造更有活力的跨境电子商务生态圈,广泛集聚企业、人才、资金等要素,为跨境电子商务企业提供更加完善的产业链服务。2017年以来,全球各大跨境电子商务平台齐聚杭州。亚马逊全球开店首个跨境电子商务园落户杭州;全球最大的移动端跨境电子商务平台Wish、Google AdWords体验中心、印度最大电商Paytm Mall中国总部等纷纷落户杭州。阿里巴巴国际站、全球速卖通、天猫国际、网易考拉海购、浙江执御等本土跨境电子商务平台及一达通、PingPong、连连支付、百世国际等一批专业服务供应商也得到快速发展。三年来,杭州共引进跨境电子商务产业链企业1421家,注册资本达229亿元,中国(杭州)跨境电子商务综合试验区的跨境电子商务产业链、生态圈更加完善。

第三篇

跨境电子商务综合试验区
变革与趋势

第十章　跨境电子商务综合试验区引领贸易方式变革

2008年金融危机之后,全球经济增长乏力,贸易非常低迷,而与之相对应的却是以互联网为代表的新经济蓬勃发展,尤其是跨境电子商务这种"互联网＋外贸"新业态,已成为国际贸易发展的新趋势,每年以30％左右的速度增长。

2018年2月9日,中共中央政治局常委汪洋在北京出席首届世界海关跨境电子商务大会并发表主旨演讲时指出,跨境电子商务是当今互联网时代发展最为迅速的贸易方式。

由此可见,跨境电子商务发展到今天,其存在不仅仅是一种经济现象,而是已经发展为一种商业模式,并正在固化为一种新型贸易方式。这种新型贸易方式和传统贸易方式截然不同,它有三个新特征,即贸易链的扁平化,减少贸易链的中间环节,实现去中间化,大大提高企业的利润;大数据的精准化,帮助企业更加智能地开展研发设计、生产制造和市场营销;供应链的全球化,通过"互联网外贸",可以帮助企业提升整合全球资源的能力,重新进行国际分工与合作。

当然,跨境电子商务毕竟是跨越不同关境的贸易,要深刻了解跨境电子商务这种新型贸易方式,必须站在中国对外贸易发展的历程和跨境电子商务的互联网外贸特征角度去剖析。

一、中国对外贸易的发展阶段

中国对外贸易的发展阶段如图10-1所示。

图10-1　中国对外贸易发展阶段

改革开放40多年来,我国对外贸易发展成就举世瞩目。外贸,作为拉动经济的"三驾马车"中的一环,对我国整体经济改革发展起到了中流砥柱的作用。

自1978年党的第十一届三中全会以来,我国外贸体制的改革从放权、让利、分散,到推行外贸承包制和放开经营权,在层次上渐次推进,由原来专门收购商品供外贸的专业公司进行出口贸易发展到成立专业外贸出口公司。1978 年之前,主要由国家主办外贸活动;20 世纪 80 年代后,主要由地方主办外贸活动;20 世纪 90 年代以来,企业开始充当外贸活动的主角。专业外贸公司由原来的行政机构附属物转变为中介服务组织,他们在外贸活动中逐步获得独立经济实体的地位,其经营模式由单一的计划收购变为进出口代理。外贸企业由合到分,再由分走向合,以放权、分权为改革过渡措施,最终将外贸企业推向国际市场。

(一) 收购供货阶段:中华人民共和国成立之初至 1978 年

改革开放初期,中国经济发展的环境相对封闭,实行高度集中的计划经济体制,与之相适应,高度集中是外贸经营体制的主要特征。对外贸易由国家实行统一经营,外贸经营权由国家垄断,具体对外贸易行为按照国家下达的指令性计划进行。到 1978 年年底,中国只有 10 余家外贸专业总公司。国家将指令性计划下达给央企外贸公司,央企外贸公司将计划分解到各省的外贸分公司,各市外贸组织长期充当供货商角色,负责收购、储存、供货。

(二) 外贸代理阶段:1988 年以来

1987 年 11 月,《一九八八年外贸体制改革方案》出台,"各外贸进出口总公司和部分工贸进出口总公司的地方分支机构与总公司脱钩"。1988 年 2 月,为具体推行代理制,国务院又发布《关于加快和深化对外贸易体制改革若干问题的规定》,对代理制所适用的进出口商品和代理商的主体资格做了原则性规定,建立在垄断经营和不完全竞争体制下的外贸代理制基本确立。按照党的十三大提出的"促进外贸企业自负盈亏、放开经营、工贸结合、推行代理制"的要求,从 1988 年起,在全国全面推行外贸承包经营责任制,实行以省、自治区、直辖市、计划单列市和外贸、工贸进出口总公司为单位,对出口收汇、上缴中央外汇和财务盈亏三项指标承包的制度,一定三年不变。这是十一届三中全会以来中国外贸体制的第一次重大改革。对于外贸央企来说,昔日的旗下公司转瞬间就自立门户,并成了自己最直接的竞争对手。1988 年这一年,境内外贸公司的数量增加到了 6000 多家。

(三) 自营出口阶段:1998 年以来

在 20 世纪 90 年代,外贸经营体制改革按照党的十四大确定的统一政策,朝放开经营、平等竞争、自主经营、自负盈亏、工贸结合、推行代理制的方向继续深化,加快赋予有条件的生产企业、商业物资企业、科研院所和私营企业等外贸经营权。1998 年 10 月,经国务院批准,原外经贸部开始赋予私营企业和科研院所自营进出口权,这标志着私营企业首次进入外贸领域。到 1999 年年底,全国外贸企业总数达到 23749 家。

(四) 全面放开外贸经营权阶段:2001 年加入 WTO 以来

2001 年,中国加入了世界贸易组织(World Trade Organization,WTO),标志着中国对外开放进入了新的阶段。按照三年内开放外贸经营权的承诺,我国逐步由审批制向备案登记制过渡。2001 年原外经贸部颁布了《进出口企业经营资格管理规定》;2002 年 11 月,"进出口经营资格管理系统"开始在全国联网运行;2003 年 8 月,商务部印发《关于调整进出口经营资格标准和核准程序的通知》。上述政策措施降低了企业申请进出口经营权的标准,下放了核准权限,简化了申请程序,释放了企业的活力。到 2004 年 6 月底,中国拥有外贸经营权的内资企业为 124627 家,是 1999 年年底的 5.25 倍。

为履行我国入世承诺及适时反映我国外贸发展的新情况,我国对《中华人民共和国对外贸易法》进行了修订并于 2004 年 7 月施行。此次修订,将外贸经营权管理由审批制改为备案登记制,取消了外贸经营权的门槛限制,并将对外贸易经营者的范围扩大到个人。截至 2009 年 4 月底,我国对外贸易经营者达到 75.5 万。实行对外贸易经营者无差别、无实质障碍的备案登记,实现了中国外贸经营权管理与国际接轨,使中国外贸环境更为宽松,所有对外贸易经营者能在同一起跑线上,在公正透明的政策环境下公平竞争。

(五) 大力发展跨境电子商务阶段:2012 年以来

自 2012 年起,发展改革委、海关总署开展跨境贸易电子商务试点,特别是2015 年,国务院先后开展两批跨境电子商务综合试验区试点以来,跨境电子商务新型贸易方式以每年 30% 以上的增速迅猛发展。跨境电子商务不仅帮助企业更方便地开拓市场,更加容易地买卖全球,让制造商更接近消费者,更为重要的是帮助企业运用互联网和大数据精准地进行研发设计、生产制造和市场营销等,在提高企业线上交易能力的同时,帮助企业快速地转型升级,再造企业的生产流程,帮助企业重构生产链、贸易链和价值链。

有关机构研究报告显示,尽管目前跨境电子商务的份额在全国进出口贸易总额中不到 20%,但预计到 2020 年,中国跨境电子商务交易规模将达 12 万亿元人民币,占中国进出口总额的 35% 左右,跨境电子商务将在我国进出口贸易中扮演越来越重要的角色。

二、 跨境电子商务贸易方式本质:"线上综合服务平台＋三流合一"

贸易方式是指国际贸易中买卖双方所采用的各种交易的具体做法。在对外贸易活动中,每一笔交易都要通过一定的贸易方式来进行。贸易方式是在买卖双方交易过程中根据不同商品、不同地区和不同对象及双方的需要而形成的。

当前在国际贸易中流行着各种各样的贸易方式,各种贸易方式也可交叉进行,随着国际贸易的发展,新的贸易方式不断涌现。跨境电子商务作为一种新型贸易方式,是伴随着互联网和电子商务的发展而发展的。

(一) 与加工贸易方式的比较分析

为方便理解跨境电子商务新型贸易方式特征,以 20 世纪 80 年代以来兴起的加工贸易为例来进行对照分析。加工贸易是通过各种不同的方式,将进口原料、材料或零件,利用本土的生产能力和技术,加工成成品后再出口,从而获得以外汇体现的附加价值。加工贸易是以加工为特征的再出口业务,按照所承接的业务特点不同,常见的加工贸易方式包括:进料加工、来料加工、装配业务和协作生产。

对于加工贸易,"保税区＋加工手册"是其本质特征。加工贸易中的中方一端往往会对应一个加工手册,其向境外采购的原物料属于保税状态,不需要缴税,加工成成品后必须运输到境外。如果需要卖给境内,则需要按照一般贸易进行补税。加工贸易的全部或者至少部分原物料需要从境外进口,并在保税状态下做成成品,之后再将成品出口。这样企业进口原物料就不需要在中国缴税。

跨境电子商务贸易方式与加工贸易方式的比较如表 10 - 1 所示。

表 10 - 1　跨境电子商务贸易方式与加工贸易方式的比较

贸易方式	本质
跨境电商	单一窗口＋三流合一
加工贸易	保税区＋加工手册

我国加工贸易发展具有三个特征:一是"两头在外"的特征。即其用以加工成品的全部或部分材料购自境外,而其加工成品又销往境外。二是料件保税的特征。根据加工贸易"两头在外"的基本特征,我国现行的法规规定海关对进口料件实施保税监管,即对其进口料件实施海关监管下的暂缓缴纳各种进口税费的制度。料件的保税可以大大降低企业的运行成本,增加出口成品的竞争力,同时又对加工贸易保税料件监管提出了较高的监管要求。三是加工增值的特征。企业对外签订加

工贸易合同的目的在于通过加工使进口料件增值,从而从中赚取差价或工缴费,加工增值是加工贸易得以发生的企业方面的根本动因。如图 10-2 所示。

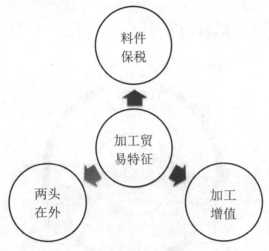

图 10-2 加工贸易特征

(二) 跨境电子商务贸易方式的内涵

加工贸易是一种线下贸易,依托的是保税区和加工手册。而在线化、直接化、电子化是跨境电子商务的外在表现形式,其进出关境需要通过监管部门的高效监管,全国两批跨境电子商务综合试验区的实践证明,"线上综合服务平台+三流合一"应是这种贸易方式的本质内涵。因为跨境电子商务贸易的碎片化、高频化、小单化,决定了在监管方式上不能采取过去的那种针对一般贸易的监管方式,而应通过建立一个联通政府监管部门数据,并链接金融、物流、外贸综合服务平台等服务主体数据在内的线上综合服务平台,实现企业线上的"一站式"报关、报检、退税、收汇和基于贸易真实性的信息流、资金流和货物流的"三流合一"。通过线上综合服务平台,进行分级分类监管,最大限度地给予诚信的企业通关便利,并提供供应链综合服务,这样,便可实现既通得快又管得住,既规范又便利的目的。

当然,针对跨境电子商务新型贸易方式,目前的统计监管还在逐步探索过程之中。其中纳入跨境贸易电子商务试点城市并通过保税区的跨境网购保税零售进口(适用 1210 海关监管代码)、不在跨境贸易电子商务试点城市但通过保税区的跨境网购保税零售进口(适用 1239 海关监管代码)、跨境网购一般出口(9610项下)已纳入海关监管,通过跨境电子商务 B2B 方式通关的,海关总署已经允许跨境电子商务综合试验区先行先试,逐步纳入统计。

三、跨境电子商务贸易方式的特征

跨境电子商务贸易方式的特征如图 10 - 3 所示。

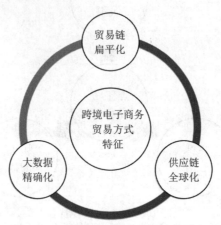

图 10 - 3 跨境电子商务贸易方式特征

(一) 贸易链扁平化

1. 全球贸易增速连续多年低于 GDP 增速

2011 年以来,全球贸易增速开始大幅放缓。根据实际通胀调整后的数据,全球进口总额自 2011 年以来年均增速低于 3.5％,这个数据大约是 2000—2008 年全球贸易年均增速的一半。全球 GDP 的年均增速已经从 2008 年全球经济危机之前的3.5％下降到危机结束以来的 2.5％。由此可见,贸易增速已经不再超过 GDP 的增速。自 2011 年以来,全球实际进口总额在全球 GDP 中所占份额略低于 30％,而在这之前的 1985—2007 年,该份额是 60％。而全球贸易低迷几乎无处不在。除了贸易增速保持稳定的日本以外,每个 G20 国家在 2011—2015 年间实际贸易年均增速均低于 2000—2007 年间。在亚洲市场,实际进口年均增速的下跌尤为明显,从 2000—2007 期间的 10％以上,下降到 2011—2015 年期间的 3％左右。拉丁美洲和发达经济体的进口增速也在下跌。

全球贸易放缓的可能原因中,首先是疲软的全球经济,新兴经济体的贸易增速在经过高速增长后已经减缓,全球贸易量蛋糕变小;其次是贸易自由化政策步伐放缓;最后,由于全球价值链的成熟,跨国(地区)生产更加细化,意味着得到最终产品需经过更多交易,也导致全球贸易放缓。

经过快速的出口导向型经济增长,2016 年中国出口量已占到世界出口总量的 14%,但近年来,中国的进出口增速明显放缓。虽然在一定程度上受全球因素的影响,但中国经济自身的特点是主要原因。一是廉价劳动力的红利达到极限。中国过去 15 年的制造业基础——大量廉价的农村劳动力的红利可能达到了极限;随着人口老龄化的加剧,人口红利也逐渐消失;同时,受土地、原材料价格上升和汇率影响,外贸成本上升;以 OEM 代工为主的传统外贸质量不高、品牌不强、附加值不高,使外贸竞争力逐步下降。二是正在向成熟的生产模式转变。中国正在通过生产一些高附加值的零部件来代替进口,中国近几年会比 2008 年全球金融危机之前出口更多高附加值产品。中国的零部件总进口份额从 2005 年的 65% 下降到 2014 年的 50%,这表明中国零部件总进口份额的转变不仅仅是由于发达经济体的需求疲软所致,也是由于中国生产力的提高和劳动力的成熟所致,这使中国转向更高附加值产品的出口。三是中国经济正在由出口拉动型经济增长向需求拉动型经济增长转变。近年来,支持高出口的投资比重持续下降,同时消费所占比重持续上升,推动中国的生产从制造业向服务业转变,驱动着消费升级。

2. 互联网"去中间化"缩短跨境电子商务贸易链

在传统外贸模式下,中国商品到境外消费者手上,至少要跨越五个渠道:境内工厂—境内贸易商—目的地进口商—目的地分销商—目的地零售商。

跨境电子商务这种新型贸易方式,去掉了很多中间环节,是一种端到端的贸易链。随着全球互联网、电子商务及现代物流、支付的发展,借助跨境电子商务平台,买卖双方实现了供需信息对称,可以尽快地找到市场、发现订单,实现"买卖全球";在跨境电子商务模式下,通过互联网和大数据,国际贸易供应链更加扁平,一些中间环节被弱化甚至替代,可以从制造端直达客户终端,原来贸易商、批发商及境外的进口商等环节的中间成本被挤压甚至完全消失,这部分成本被很大程度转移出来,变成生产商利润,帮助中国制造实现"利润回归";借助互联网"平台化"和"去中心化",外贸企业能有效打破渠道垄断,节约交易成本,缩短交易时间,开拓营销渠道,为企业创制品牌、提升品牌知名度提供有效途径,尤其是给一些"小而美"的小企业创造新的发展空间。

从上述分析来看,跨境电子商务这种"互联网+跨境贸易+中国制造"的新型贸易方式,去掉市场营销的成本,互联网几乎零成本的信息传输,使任何交易双方的直接联系成为可能,省去了一大笔本应支付给中间人的费用;省去参加传统展会的活动成本,这部分的利润直接让渡给了生产商、零售商和消费者;节约了品牌培育的成本,传统线下渠道要通过几十年才能培育出的新品牌,通过互联网可以迅速打开知名度。这种去中间化会导致贸易量呈现几何式增长,这种增长不是由一般的贸易公司或者一般的批发商完成的,它是依托已经形成的平台经济、交易平台完成的。

(二)大数据精准化

1. 大数据成为新型生产资料

当下,我们正在进入一个新的能源时代,其核心资源不是石油,而是数据。正如阿里巴巴集团创始人马云在云栖大会上所讲,未来的政府招商,传统的"五通一平"将会变成新的"五通一平",即是否通新零售、新制造、新金融、新技术和新能源,能否提供一个公平创业和竞争的环境。未来的变革远超我们的想象,过去基本上是以知识驱动科技革命,未来则不仅仅是知识驱动,更是智慧驱动、数据驱动社会创新和变革。

在无国界的互联网外贸世界里,中小企业如何赢得竞争,靠的就是数据。通过网络寻找客户,获取买家资料已经不再是难事。互联网和大数据的发展不仅便利了人们的生活方式,更加速了贸易方式的转变。通过大数据和信息优势,把海量个性化、碎片化的订单汇总,帮助企业拓展营销,有利于推动我国从制造业大国向营销大国转变,有利于培育以技术、品牌、质量、标准、服务为核心的外贸竞争新优势。

跨境电子商务就是通过数据驱动的新外贸体系。无论是买家还是卖家,做什么产品,在哪个国家,经营状况如何,物流状态怎样……真实的贸易轨迹绝大部分来自过去每一个既成订单的流通过程。大数据让每个产业生态参与者都可以全方位参与到整个产业生态的生产、销售及消费的过程之中,企业已不再是单一的产品服务提供者,而是变成了产品和服务的平台。通过跨境电子商务平台可以将各类分散的信息集纳,使交易信息更容易获得,而且可以通过大数据的积累,为所有参与者建立全新的信用体系,让买卖双方的交易更容易达成。

跨境电子商务更加注重社交媒体营销。社交媒体不仅帮助企业了解并筛选买家,还日渐成为企业与终端用户交流互动、了解需求变化的首选渠道。供应商会看到自己和竞争对手生产的产品在网上的用户评论,要与终端消费客户保持紧密的联系,了解他们的需求,这些人很有可能在博客、推特、Facebook上评论你生产的产品,发表他们对某个产品喜欢或讨厌的看法。这些评论可以帮助供应商了解客户的真实需求,并为今后的产品设计决策提供重大参考。

2. 数据驱动下的新外贸交易闭环

最早提出新外贸概念的是阿里巴巴。其旗下的平台 http://www.alibaba.com 是目前全球最大的跨境 B2B 平台,服务于全球上亿的中小企业买家,涉及

100 万境内供货商、2.5 万境外供货商、1000 万境内采购商、1 亿境外采购商。境外买家分布的地区也不同,欧洲买家占比 40％、北美洲买家占比 23％、中南美洲买家占比 14％、中东买家占比 5％、非洲买家占比 3％、大洋洲买家占比 2％。

从 1999 年起,阿里巴巴开始用互联网的方式为全球中小企业解决外贸出口交易过程中信息匹配的问题。这一网络集市的模式降低了采购商的交易门槛和机会成本,也使得供应商能够迅速掌握网络应用,抓取用户。不过,面对外贸交易链路中冗长和繁杂的手续,许多中小企业始终存在一定的入门障碍。要想走完整个出口流程,企业仍然需要在支付、通关、物流等环节花费大量的时间和精力。阿里巴巴收购一达通外贸综合服务平台,并打通二者之间的数据链,并最终形成了新外贸整体解决方案,改善了跨境贸易电子商务的基础设施。

可以说,新外贸是以大数据为核心,从信息交流、服务、金融、物流驱动外贸,形成畅通的外贸闭环。在此基础上,通过交易形成数据沉淀,同时又在数据的作用下相互融合、共生,并发起更大的新外贸的能力,为中小企业赋能,帮助企业以更低的成本、更高的效率、更便捷的方式快速走向全球。

由此可见,新外贸更加注重大数据应用,市场端的跨境电子商务平台通过交易信息留痕及出口、结汇、退税和外贸综合服务的外包,帮助企业积累信用数据;平台企业依托信用数据,推出信用保障产品,为采购合约做履约担保,提供信保额度,并与政府一起帮助辖区的中小企业,在信用上背书来帮助中小企业获得更多的商机,为买卖双方搭建信用桥梁,降低信用成本,买方通过平台信息减少中间环节,如有问题先行赔付,让买家安心下单。

政府端通过建立线上综合服务平台,集成通关、检验检疫、退税等功能,实现监管部门数据的互联互通、共享共用,并通过链接市场端的跨境电子商务平台和金融、物流机构,有效开展市场端的贸易服务和政府端监管数据的挖掘、整理、建模等综合应用,并赋能在线上综合服务平台备案注册的中小企业,让他们享受到线上通关等便利的政务服务和在线收汇、投保和资信评估等综合服务。

(三) 供应链全球化

1. 跨境电子商务与传统国际贸易供应链的不同

传统国际贸易,要依赖价值链上众多的中介机构,采购、分销、物流、海关、支付等诸多流程均使大型交易更加便利,中小企业在传统国际贸易的规则制定中往往没有太多发言权。买卖双方通过各种展览会或广告获得供需信息,进行联络,包括见面商谈,然后再通过金融信用体系,进行贸易融资或获得信用保证,最后还要经过复杂而漫长的海关物流,这里存在严重的信息不对称,供需双方找到对方并不容易,判断对方诚信与否更是难上加难,交易需要许多中间人的撮合才能完成。

与传统国际贸易的双边贸易的线状结构不同,跨境电子商务可以通过 A 国的交易平台、B 国的支付结算平台、C 国的物流平台,实现其他国家间的直接贸易。实践过程中,中国的大量商家在亚马逊、eBay 上开店,将货物卖到全球各地。整个贸易过程相关的信息流、资金流、货物流呈现网状结构,正在重构国际贸易格局。跨境电子商务不仅仅是技术、产品、人才和市场的竞争,更是供应链和供应链之间的竞争。用著名供应链管理专家马丁·克里斯多弗(Martin Christopher)的话说:"市场上只有供应链没有企业。"尤其是经济全球化不断深入的今天,生产要素是全球化配置,产业链是全球化分工,供应链是全球化构建,人才是全球化流动,产品是全球化流通,资本是全球化融通。

2. 倡议建立 eWTP 世界电子贸易平台

面对跨境电子商务供应链全球化的新特征,全球小微企业和个人依托电商平台、普惠金融、智能物流、云和大数据、跨境服务等新型商业基础设施,与大型公司一起买全球、卖全球,正在成为新一轮全球化的重要驱动力量。大型采购商和贸易商的采购需求大幅下降,由跨国(地区)公司主导的区域分工体系逐渐瓦解。全球范围内的中小企业,甚至个人买家正在通过互联网达成交易,大量小而散的参与者进入了国际(地区间)贸易的价值链分工。

在 2016 年 G20 工商峰会上,阿里巴巴集团创始人马云代表 B20 中小企业组提出构建 eWTP(Electronic World Trade Platform)世界电子贸易平台的倡议,该倡议作为政策建议写入了 G20 峰会公报,马云呼吁全世界建立一个 eWTP,在这个平台上专注于服务 80% 没有机会参与全球化的企业,专注于小企业、发展中国家。如果说过去的 WTO 都是在帮助跨国企业和发达国家,那么未来 30 年,应该专注于帮助那些 80% 的中小企业、80% 的发展中国家、80% 的妇女和年轻人,让他们更有机会在这个平台上得以发展。

eWTP 世界电子贸易平台是一个私营部门引领、市场驱动、多利益相关方参与的国际合作平台(机制),主要通过开展公私对话和机制性合作,探讨和推广全球电子贸易的发展趋势、面临的问题、商业实践和最佳范例,孵化全球电子贸易的规则和标准,为全球互联网经济和电子商务发展创造更加有效、充分和普惠的政策和商业环境。在未来,eWTP 不仅是一个开放的国际交流合作平台,还有望进一步发展成为一个全球的、繁荣的电子贸易生态体系,而全球中小微企业和消费者将在其中发挥重要作用,并从中真正受益,更好地成为全球化的参与者和受益者。

第十一章　跨境电子商务综合试验区未来展望

　　近 20 年来，技术驱动全球经济，社会发生了翻天覆地的变化。跨境电子商务作为一种经济现象的兴起，顺应了互联网技术的进步，驱动着跨境电子商务商业模式的不断进化；同时，随着云计算、大数据、人工智能、物联网、区块链等技术的崛起，及其在经济社会领域渗透的日益深入，商业、产业、企业活动的边界不断拓展，以数字化、网络化、智能化为特征的数字经济革命正在引发新一轮全球增长和创富热潮，甚至有可能成为 2008 年金融危机的终结者，其意义不亚于蒸汽机和电力的发明，人类正在进入新的数字经济时代，推动着跨境电子商务进入更高层级的发展阶段。

　　数字经济时代，平台化成为经济社会组织的表现形式，公司制模式逐渐淡出，管理架构由传统的树状结构开始向网状结构转变。

　　跨境电子商务作为数字经济的样本，将引领实体经济的变革，帮助传统制造向数字制造、智能制造升级，柔性化生产、个性化制造将成为主流。

　　国际贸易开始由传统的贸易巨头主导的寡头贸易向跨境巨头和中小企业共同主导、依附于互联网平台的数字贸易的时代转变，得益于互联网新型商业设施的发展，一个个国际数字贸易中心应运而生。

一、跨境电子商务发展新趋势

(一) 经济形态平台化

　　在过去的 200 多年间，人类经历了数次技术革命，每一次技术革命都形成了与其相适应的技术—经济范式。

　　18 世纪末，以蒸汽机为代表的第一次产业革命让机器代替了手工工具，降低了对人的力量、技术要求，以 8 小时工作制为代表的现代雇佣制出现，人类第一次能够进行大规模的生产。生产组织从工场进入工厂时代，并形成了之后大规模生产组织的雏形。

　　以电力、内燃机、汽车的发明和铁路大发展为主要技术突破的第二次产业革命始于19世纪末,相比于蒸汽机,电力是一种均质、稳定、可控的能源,不需要经过复杂的传动系统,生产组织从工厂时代进入公司时代。公司的出现,适应了工业经济的需要,有限责任、投资权益的自由转让和公司的法人地位是公司的显著特点,公司已经成为现代社会的基本构件。

20世纪70年代开始,随着英特尔的微处理器问世,计算机、软件、远程通信的发展,第三次产业革命到来,并且在逐步进化过程中,互联网开始由最初的一种工具、渠道,成为一种广泛应用和渗透的新型基础设施,并逐步向实体经济渗透,催生形成互联网经济体,而平台也将有望取代公司成为新的经济形态。跨境电子商务作为一种工具、渠道和跨越不同关境的贸易方式,通过平台连接跨境消费者、生产制造商和各种服务商。

三次技术革命演讲过程如图11-1所示。

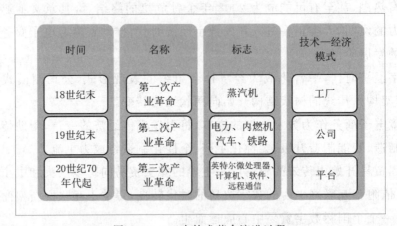

图11-1 三次技术革命演进过程

传统公司化体制下,公司是有边界的,公司内部有自己聘用的员工,有自己的生产组织架构,有上游的原材料供应商、下游的分销商,公司的生产、销售通过负责人的计划层层传达落实到员工,形成了树状的链式结构。互联网经济体是无边界的,电子商务平台是整个平台经济体生态系统的基础,为消费者、商家提供信息、交易、物流等基础设施。开店就可以注册,在电子商务平台上,各种生态物种既分工又协作,海量的消费者和服务商是平台经济的主体,他们通过平台进行连接,完成信息交换、需求匹配、资金收付、物流运输、代运营和综合服务,其参与者是自发、自主、快速聚散的柔性共同体,各种不同主体在平台上共生共融,整个组织呈现的是网状的结构,没有绝对主导的一方,呈现出小前端、大平台、富生态的格局。

平台经济体的诞生可通过两大途径,一部分平台由传统的科技型跨国(地区)巨头转型而来,另一部分平台由互联网经济原生驱动而来。对于平台经济发展来说,2016 年 8 月 1 日是值得载入史册的日子,全球市值最高的五家公司首次全部花落互联网科技公司,并且都来自美国西海岸:旧金山湾区的苹果(Apple)、Alphabet 和脸书(Facebook),以及西雅图附近的微软(Microsoft)和亚马逊。全球 15 大互联网科技公司和有上百年积累的工业时代标志性公司的市值相当,均超过 3 万亿美元,全球特别是中美电子商务领域蓬勃发展,大大加速了各领域数字经济进程。

(二) 生产制造智能化

未来,以互联网、云计算、大数据、物联网、人工智能等为代表的数字技术已被公认为第四次产业革命的重要驱动因素,数字经济正在引领实体经济发展方式的变革,推动传统制造变成智能制造,实现线上线下深度跨界融合。早在 2016 年 5 月 30 日举行的全国科技创新大会上,任正非就预判,未来二三十年人类社会将演变成智能社会。智能社会不是以一般劳动力为中心的社会,没有文化不能驾驭。若这个时期同时发生大规模雇佣智能机器人的情况。西方制造业有可能重回低成本时代,产业中心将转移回西方。

跨境电子商务是"互联网+跨境贸易+中国制造"的新兴业态,其背后是数字新技术在外贸和制造领域的应用。随着云计算、大数据、人工智能、物联网、区块链等数字经济时代新基础设施的崛起,及其在经济社会领域渗透的日益深入,商业、产业、企业活动的边界不断拓展,跨境电子商务对新外贸、新制造的影响力也将不断加深,推动着生产制造的智能化、外贸服务的智能化。

1. 数据驱动经济增长

数字经济时代,数据将如同农业时代的土地、资源、劳动力,工业时代的技术、资本一样,成为数字经济时代的核心生产要素。"中国制造 2025"战略、德国"数字化战略 2025"、日本"超智能社会 5.0 战略"、英国"数字经济战略(2015—2018)"、新加坡"智慧国家 2025 计划"、韩国"U-city"计划,无一例外都在利用数字经济推动经济复苏和增长,竞争的焦点从资本、土地、资源转向了数据,经济对数据的依赖快速上升。

2. 消费者为中心

20 世纪七八十年代商品短缺,企业生产什么就能够卖掉什么;20 世纪 90 年代,生产的东西超过了消费的需求,无法实现实时的对接,就产生了商品的过剩和库存,消费者成为整个商业和制造业的中心,推动产品由买方市场向卖方市场转变。谁能第一时间了解消费者的需求,掌握市场上的流行趋势,生产出适销对路的产品,就能第一时间占领市场,以互联网为商业基础设施、由消费者驱动、能够实现大规模柔性化生产乃至个性化定制的 C2B 商业模式开始出现。

3. 柔性化生产

互联网和制造业的融合,数字化工业技术的深度渗透,不断升级工厂和机器的智能化水平。工业物联网、VR、AR 等新技术的运用将进一步提升工厂和机器的智能化水平,作为互联网与实体经济深度融合的跨境电子商务,天生就具有"在线化、数据化"的特征和优势,大大削减了产销之间的信息不对称,不仅提升了流通业的效率和水平,而且还通过更快速的数据传导机制,将下游市场需求与上游生产更紧密地结合起来,使消费需求数据、信息得以迅捷地传达给生产者和品牌商。生产商根据市场需求变化组织物料采购、生产制造和物流配送,使得生产方式由大批量、标准化的推动式生产向市场需求拉动式生产转变,倒逼制造业的转型升级,并催生中国特色的工业 4.0。

4. 个性化定制

数字经济时代,供应链具有足够弹性,产能可以根据市场需求快速反应,有增有减,既可以根据大客户订单开启标准化生产线,又可以根据个人客户的要求进行定制化生产。消费者提出诉求,生产商进行定制,定制可以按照商品数和不同的消费者分层来挖掘消费者的需求,然后塑造产品的功能和价值。实践中,许多领先的中国企业借助数字技术,根据客户需求将个性化定制及规模化生产变为可能,并实现快速迭代式的创新,并在服装、箱包、鞋帽、家电、家居等诸多行业和企业中快速出现。未来,C2B 的能力也会逐步向上游传递,以服装业为例,最终甚至会延展至原料种植环节。

(三) 国际贸易数字化

很多人认为经济全球化倒退了,实则不然。习近平主席在瑞士达沃斯世界经济论坛 2017 年年会开幕式上提出:"我们要主动作为、适度管理,让经济全球化的正面效应更多释放出来,实现经济全球化进程再平衡;我们要顺应大势、结合国情,正确选择融入经济全球化的路径和节奏;我们要讲求效率、注重公平,让不同国家、不同阶层、不同人群共享经济全球化的好处。"

当前,以互联网为代表的科学技术成为经济全球化新的动力,把千千万万个中小企业推向了全球化的中心。过去由于商业信息、经济信息等不对称,中小企业在与跨国(地区)企业的竞争中长期处于不利地位,但是互联网改变了这一切,广大中小企业开始进入了全球化中心环节;经济全球化使得新的技术、信息迅速传播到最遥远的国家(地区),也使得这些信息迅速传递到最贫困的乡村,这带动了新兴国家

（地区）的跨越式发展，以中国为代表的新兴国家内部产生了一大批中产阶层。

原外经贸部首席谈判代表、副部长龙永图认为，无论是在供给侧方面，还是在需求侧方面，跨境电子商务的发展都有了坚实的基础——中小企业成为供给侧和需求侧的重要力量，新兴的中产阶层作为消费侧同时又为供给侧提供源源不断的动力，这就使得跨境电子商务成为全球贸易中的一支新兴力量。

过去基本上是大贸易，小贸易的实现条件有限、成本较高，也面临物流、融资等挑战，随着跨境电子商务的大发展，每一个小企业甚至每一个人都可以通过电子商务平台实现买全球、卖全球，跨境电子商务的发展正在让以跨国（地区）企业为主体的全球贸易转变到跨国（地区）企业和中小企业共同主导的全球普惠贸易时代；从以买家为主，或者说以进口方为主的全球贸易开始转变到买家和卖家，进口方和出口方全产业链的合作共赢的新时代；全球贸易的规则体系转变到传统贸易和跨境电子商务规则体系共生共融的时代；中国正从全球贸易规则的学习者和执行者逐渐转变为国际规则，特别是跨境电子商务规则制定的推动者和引领者。

到 2020 年，全球跨境电子商务消费者总数将超过 9 亿人，全球贸易的在线化、小单化、高频化将成为国际贸易的新趋势，跨境电子商务将成为国际贸易的重要组成部门，互联网时代全球贸易主体和贸易方式正在发生着巨大变化。跨境电子商务从业者应紧紧抓住互联网的核心，把企业与企业、企业与政府、生产者与消费者、传统贸易和电子商务、中国与世界紧紧地连接在一起，进一步推进全球跨境电子商务的大发展，加快推进国际贸易的数字化。

二、跨境电子商务综合试验区未来展望

三年的实践，中国（杭州）跨境电子商务综合试验区不仅为全国跨境电子商务综合试验区的建设创造了杭州经验，更引领了跨境电子商务行业的发展，促进了国际网络贸易资源要素的汇聚。未来，中国（杭州）跨境电子商务综合试验区将以"六体系两平台"建设为重点，更加注重服务"一带一路"地区，加快打造跨境电子商务综合试验区升级版，积极推动 eWTP 杭州实验区的实践探索，着力构建全球最优跨境电子商务生态圈，加快构建数字丝绸之路枢纽，为促进全球数字经济增长提供可复制推广的经验。

(一) 打造跨境电子商务综合试验区升级版

在前期取得阶段性成效的基础上，未来，中国（杭州）跨境电子商务综合试验区将继续全面深化以"六体系两平台"为核心的制度体系，进一步完善便利化贸

易基础设施,优化互联互通国际贸易网络,增强中小企业参与全球贸易能力,创新多方参与、联动共赢的合作机制,探索公开透明、共建共商的治理体系,着力破解制约国际网络贸易发展的深层次矛盾和体制机制性难题。一是完善便利化贸易基础设施建设,着力建设信息流、货物流、资金流"三流合一"的信息港,建立适应世界电子贸易的无纸化申报、数据化监管、在线化服务新模式的数字口岸;发挥物联网、大数据优势,促进杭州信息港与空港、海港、陆港的联动发展,构建智能物流枢纽;建设以"一个数据中心、八个主题库、六大体系应用系统"为重点的跨境电子商务大数据平台,精准服务跨境电子商务发展;积极推动本土电商平台国际化发展;鼓励境外电商巨头落地发展。二是优化互联互通全球贸易网络,利用多种渠道,建立完善跨境电子商务境外物流仓储、分拨配送和营销服务体系,搭建海外仓储物流配送网络;充分利用境内境外两种资源,引导市场主体积极开展战略合作,合力提供跨境电子商务优质服务,建设境外跨境电子商务项目合作圈;积极探索国际互认机制,完善海关特殊监管区进出口模式及跨境支付结算体系。三是增强中小企业参与全球贸易的能力,深化开展跨境电子商务创新服务行动,提升 E-box 创新项目服务平台功能,与谷歌等全球知名平台合作,加快建设国际网络贸易促进平台,积极促进跨境电子商务与实体经济融合发展。四是创新多方参与联动共赢的合作机制,积极支持举办国际性会议,加强国际合作交流,建设"一带一路"留学生创业园,完善跨境电子商务人才标准体系。五是探索公开透明共建共商治理体系,引导行业自律,促进平台治理,创新纠纷调解机制,探索国际仲裁裁决机制,完善跨境电子商务诉讼机制。

(二) 推进 eWTP 杭州实验区探索实践

eWTP 杭州实验区建设以"一带一路"倡议为统领,充分利用基础设施互联互通和跨境电子商务双重便利优势,积极推进市场层面和制度层面的创新探索与联动发展,促进中小企业和个人通过用跨境电子商务更加自由、便利、规范地参与世界贸易,着力建设自由便捷、开放高效的世界电子贸易大通道,加快打造数字丝绸之路枢纽。在市场层面,重点发展世界电子贸易新模式、培育世界电子贸易新业态,鼓励企业运用互联网、大数据、人工智能等新技术,创新发展跨境电子商务 B2B、B2B2C、B2C、O2O 和移动电商、社交电商等新模式,大力支持阿里巴巴等本土电商平台国际化发展,积极引进亚马逊等境外知名电商平台来杭发展,通过构建智能物流网络、完善跨境支付体系、拓展第三方服务,拓宽世界电子贸易进出口双向通道,更好实现全球卖和全球买。在制度层面,着力推进政策创新和孵化合作机制,充分发挥杭州互联网创新应用和跨境电子商务发展优势,加快建设数字口岸、探索数字认证、创新数据监管、推广数据应用、优化数字服务、发展数字金融,建立适应世界电子贸易发展的政策体系和制度环境。同时,充分发挥阿里巴巴等 eWTP 倡议方作用,搭建公私对话和交流合作平台,为世界电子贸易发展和全球网络经济增长贡献"杭州力量"。

(三) 加快构建全球最优跨境电子商务生态圈

　　未来,中国(杭州)跨境电子商务综合试验区将着重从三个方面构建全球最优跨境电子商务生态圈。一是坚持政府和市场的协同。既发挥政府在推动创新、构建生态圈中的引导性作用,又发挥大企业、大平台作用,抓住国际贸易方式变革契机,着力以开放促改革,进一步激发阿里巴巴等各大电商平台和中小微企业的创新动力和创造活力。二是坚持线上和线下的互动。积极推动线上监管的便利、交易闭环的形成和服务资源要素的在线化,同时又要与线下产业园区、创业创新平台充分互动,推动线上线下的融合发展。三是坚持境内和境外的联动。立足杭州、面向全国、辐射全球,重点面向"一带一路"沿线国家和地区布局,加速数字贸易"杭州模式"的境外复制推广,形成世界电子贸易发展"共同体"。